ぶらりあるき
カンボジアの博物館

Cambodia

Museum

中村　浩
Hiroshi Nakamura

芙蓉書房出版

プノンペン国立博物館

王宮（プノンペン）

タニ窯跡群考古博物館

祈福館（仏教博物館）

タケオ・プラサック博物館

野積みされた不発地雷（アキラー地雷博物館）

黄金の仏足石
（プノンペン王宮）

ガルーダの石像
（バッタンバン博物館）

戦争博物館

シアヌーク博物館前庭の大仏

王妃の衣装の展示（衣装資料館）

拷問に使われた鉄輪（トゥル・スレン博物館）

人骨を埋めた穴（キリング・フィールド）

バイヨン寺院の壁画（左：料理する中国人　右：とらわれた兵士）

アンコール・ワット中央祠堂のレリーフ群

アンコール・ワット

タ・プローム

象のテラス

プラサット・クラヴァン

はじめに

カンボジアは大学在職当時、海外研究の一つとして実施したクメール陶器生産窯跡の発掘調査、現代におけるカンボジアにおける土器づくりの調査などで毎年数回訪問してきました。

前者ではクナポー窯跡群、バコン窯跡群のクメール陶器生産窯跡の発掘調査を行いました。熱帯気候の下での発掘調査は、昼間は発掘作業、夜間は宿舎での遺物整理作業と、予想以上に過酷なものでした。しかし地元の若手研究者や学生、日本から参加した琉球大学、大阪大谷大学の学生諸氏の真摯で探究心旺盛な姿に励まされ、調査を完遂することができ、報告書の刊行も行うことができました。

一方、現代に残された土器づくりを見ることで、失われてしまった過去の土器づくりの技術などを復元できないかと考え、カンボジアでの土器づくりの調査も行うことにしました。土器づくりの調査は、昭和五〇年代後半にインドネシアの中部ジャワのバンテガン集落の調査でその可能性を見出したことから、長年温めていた課題でした。この調査にも発掘調査と同様、琉球大学池田榮史教授との二人三脚で対応してきました。調査成果の一部はすでに公にしてきましたが、研究の深化とともに課題の多くも垣間見えるようになってきました。さらにこれらの土器づくりの技術が急速に失われつつあるのも少々の焦りを感じるところですが……。

本書は、以上の研究関心から訪問してきた調査地を訪れた際に立ち寄った博物館や文化遺産などの印象をまとめたものです。一観光客としても何度かカンボジアを訪問してきました。そこでも新たな知見を多く得ることができました。

「ぶらりあるき博物館」シリーズの一冊としてまとめましたが、カンボジアには「博物館」といえる施設はそれほど多くありません。一方、世界遺産に登録されているアンコール遺跡群には多くの寺院跡、遺跡があり、本書にはその多くを取り上げました。本文でも触れますが、こうした遺跡は生きた博物館ともいってよいものであり、遺跡博物館、野外博物館という範疇に入れられると考えているからです。

ともあれ、博物館、寺院、遺跡、どれも計り知れない魅力があり、ぜひ訪ねていただきたい施設ばかりです。そのための予備知識を得る一助になれば望外の幸せです。

ぶらりあるきカンボジアの博物館●目次

【世界遺産】アンコール遺跡群

タ イ
コー・ケー遺跡群
アンコール遺跡群
シェムリアップ
ロリュオス遺跡群
バッタンバン
トンレサップ湖
カンボジア
ウドン
プノンペン
メコン川
タケオ

プノンペン

シルバー・パゴダ

プノンペンはカンボジアの首都であり、カンボジア最大の大都市です。

プノンペンという地名はクメール語で「ペン夫人の丘」という意味です。信心深いペン夫人が川を流れてきた仏像を見つけ、その仏像を近くの丘に祠を造って祀ったという伝説に基づいてプノンペンと名づけられ、これが町の名前になりました。この丘は現在のワット・プノンであるとされ、ペン夫人の像が建てられています。

一八六六年、中部の都市ウドンからここに遷都されたことにより、この地は注目されるようになりました。そして一九二〇年代には「東洋の真珠」として西洋に紹介されています。一九五三年のカンボジア独立以来、一九六〇年代まで隣接諸国の内乱や戦乱が及ぶこともなく、平和が保たれてきました。

しかし一九七〇年のロン・ノルの軍事クーデターによって大きく状況は変化します。一九七五年四月にはクメール・ルージュがプノンペンを陥落させ、その恐怖政治は一九七九年一月まで続きました。この間、「キリング・フィールド」と呼ばれるポルポト政権下での大量虐殺が行われました。

現在は、その混乱も収まり、人口二二三万人の人口を擁する大都市へと変貌を遂げています。市内にはプノンペン国立博物館をはじめ、王宮、トゥル・スレン博物館などがあります。

❖プノンペン国立博物館　Phnom Penh National Museum

王宮の北側に隣接しているこの建物は、伝統的なクメール様式で、赤く塗られた外観は周囲とうまく調和しています。

中庭を囲んで、ほぼ正方形の建物に展示室が設けられています。博物館前方の庭園には、リンガやガルーダ像などヒンズー教関連の石造物や青銅製の大砲が植木の合間に置かれ、中央の蓮池の周囲には色とりどりの花が植えられた花壇があります。

博物館の設立はカンボジア美術学校と深く関わっています。美術学校創立者のジョルジュ・グロリエは、近代美術のインスピレーションに古代美術が重要であるという考えから多様なコレクションを収集しました。グロリエはカンボジアの美術・考古学などの教育・研究に多くの足跡を残した人物です。

カンボジアが西洋諸国と交流を本格的に始めるようになると、カンボジアの古美術品は海外の収集家の手に渡り始めました。これは日本の明治初期とよく似ています。このため自国の文化財保護のために博物館が必要となり、一九〇五年にアルベール・サロー博物館が開館しました。カンボジアがフランスの植民地であったこともあり、歴代の館長はフランス人が占めてきました。一九五一年にフランスからカンボジアに委譲され、カンボジアの国立博物館となりました。一九六六年にはカンボジア人の館長が誕生しています。

展示室の見学経路は、入口から向かって左側から右側へと一周する

プノンペン国立博物館

ガルーダの石造彫刻

のが一般的な動線のようです。

希望すれば専門のガイドが館内を案内してくれます。写真撮影は禁止されていますが、中庭だけは二ドルのカメラ・パスを購入すれば撮影できます。

では、見学順路にしたがって展示品を見ていきましょう。

まず入口正面には大きなガルーダの石造彫刻があります。この像はコー・ケー遺跡群のプラサート・トム寺院の参道の両側にあった石柵の欄干に飾られていたものの一つとされています。両手を広げている姿は、まるで相撲のつっぱりのようです。ガルーダはヴィシュヌ神の乗り物で、鳥の頭と大きな翼を持つ聖鳥です。天敵であるナーガを追う様子を表現しているこの像は、翼の羽根の部分や胸、腕、帯に宝石が付けられた繊細な彫刻で、コー・ケー様式の特徴を示しています。

続いて左側に進むと、ケース内に多数の小型の仏像が展示されています。十二～十三世紀の青銅製の仏像をはじめ仏具も見られます。仏像は観音菩薩像が多く、高さが十八センチ前後のものが大半です。縦長のガラスケースには展示品がぎっしりと詰め込まれています。七～十三世紀頃のものなど多様で、伝来の由来や館への入手経路の説明はごく一部のみで、多くは不明と表示されています。

右手奥の部屋には、大型のブロンズ像「横たわるヴィシュヌ」が台の上に置かれています。残念ながら上半部の一部（高さ一二二センチ、幅二二

ブロンズ像「横たわるヴィシュヌ」

二センチ）しか残っていませんが、少なくとも六メートル以上の巨像であったと考えられています。側面から彫像の内側を見ることができ、この青銅像がいくつかの段階を踏んで鋳造されていった状況がわかります。この像は、クメール美術によく見られるヴィシュヌ神が宇宙創造の眠りについている姿、宇宙の海に漂う竜王アナンタの上に横たわった姿を表現しています。

この像はアンコール遺跡群の西バライ中央にある西メボン寺院から発見されたもので、時期は十一世紀後半頃とされています。西メボン寺院は現在発掘調査が進められていますが、満々と水をたたえた西バライ（貯水池）の島にある寺院の建物はほとんどが崩壊してしまっており、わずかに門、外壁などの一部が残されているだけです。

さらに奥に進むと、アンコール遺跡群の調査の写真パネルが壁面に掲げられ、調査状況のビデオ映像展示も行われています。

少し戻って先のヴィシュヌ神像から右手に九〇度曲がると、再び長い展示室が続いています。ここには石造彫刻が展示されています。まず初めの二室はアンコール時代の仏像です。

第一室にはバイヨン時代の仏像が展示されていますが、狛犬や石柱など室外の廊下に展示されているものもあります。展示室内部を少し詳しく見ていきましょう。

六世紀末～七世紀初めの初期アンコール彫刻の代表的な作品として、八臂のヴィシュヌ像があります。砂岩製で、高さ二八七センチ、カンボジア南部のタケオ州アンコール・ボレイからもたらされたものです。威厳ある宝冠は宇宙の支配者である転輪聖王（チャクラ

八臂のヴィシュヌ像

石造遺品の展示

ヴァルティン）の象徴です。頭部や腕、手の持ち物を支えるために原石のアーチを巧みに残す手法が採られています。この仏像は初期ヒンズー教様式でもあるプノン・ダ様式の各特徴をよく残した彫刻として知られています。

クレア・コー様式のものでは、シェムリアップ州のバコン寺院から発見された砂岩製のシヴァ神像があります。高さ一八六センチで、ヒンズー教の主たる神であることが力強く表現されています。バコン寺院は、インドラヴァルマン一世が国家鎮護のために建てた寺院です。この石像はこの時期を代表するもので、衣装の一部にクメール衣装のスタイルの特徴がよく表れています。

石造遺品の展示はまだ続きます。プノン・ダ期からバンテイステイ期、プレア・コ期からアンコール・ワット期、バイヨン期の彫刻群の順に配置されています。

アンコール・ワット様式では、シヴァと神の妃とされる三体の砂岩製石像が注目です。中心にシヴァ像、両側に女神像が配置され、両側の女神を中央のシヴァが手を携えているようにみえます。この女神は神妃ウマーとガンガーとされています。十二世紀の作品で、出所は不明ですが、バンテアイ・スレイ寺院例と近似する作品とされています。

バイヨン様式では、ラクシュミー像があります。ラクシュミーは、ヴィシュヌ神の妃とされる女神でその美しさは理想とされています。シェムリアップ州ロルオス、プレア・コからもたらされた高さ一八八センチの砂岩彫刻です。両手に蓮華のつぼみを持っているという特徴からラクシュミーであることがわかります。

ジャヤ・ヴァルマン七世の時代、王妃ジャヤラージャデーヴィーは若くして他界し、姉のインドラデヴィーが後妻となりました。彼女は国中に妹、自分、王の石像を建立しました。このことから、ラクシュミー像は実は王妃ジャヤラージャデーヴィーの石像である可能性も充分あると考えられています。

さらに進むと、カンボジアの大王の象徴ともいえるジャヤ・ヴァルマン七世の瞑想する姿を表現した石像が中央に置かれています。この石像は両腕の付け根から先が失われています。しかし、中庭中央にある王の石像は両腕が指先まで復元された状態で置かれています。像の前には椅子があり、そこに坐ってじっくりと鑑賞することができます。

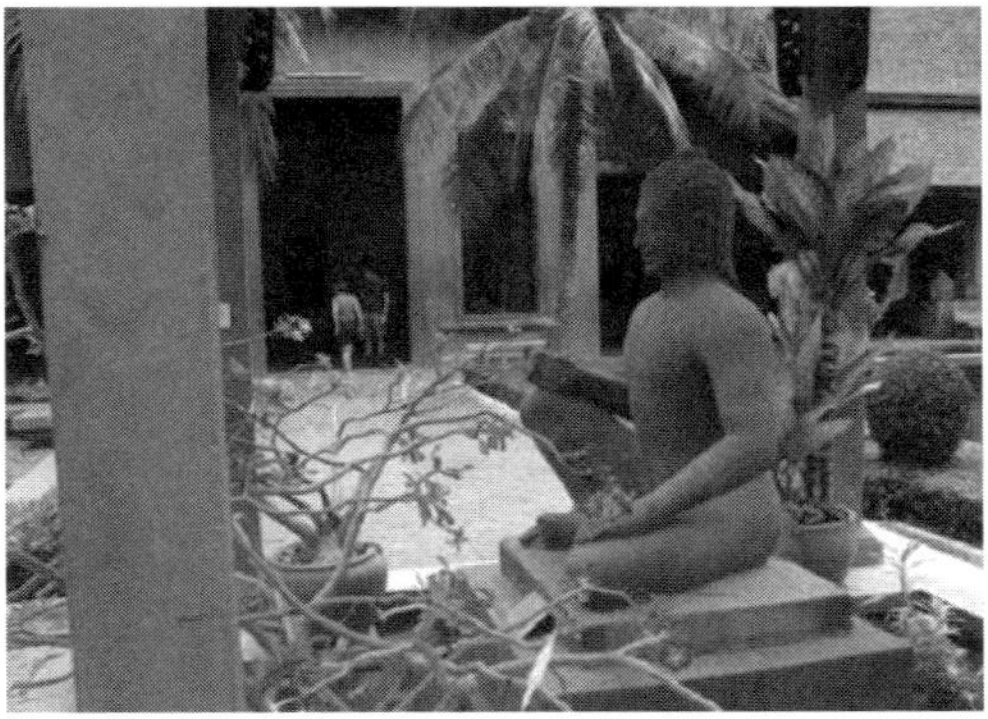
中庭にあるジャヤ・ヴァルマン七世像

船の船室

入口右手奥の展示室では、川船のキャビン部分が展示されています。王族や貴族が乗ったと見られる船の一部分です。メコン川かトンレサップ湖を行きかっていたのでしょう。豪華な装飾部分だけが取り外されているのは異様な印象です。家具などに用いられるチーク材で造られた長方形の囲いに屋根を付けた屋形状のもので、側面には植物紋様が見事に彫刻されています。高さ二〇七センチ、幅二九五センチ、奥行五五〇センチの大きな船室（キャビン）で、二十世紀の作品と表示されています。しかし地元で産出する硬い木材が使われており、重量は半端なものではないでしょう。底の浅い川船の甲板にこの屋形（船室）をつけると重心が高くなってしまい、船自体がアンバランスとなりますし、最悪の場合には転覆する恐れもあったと考えられます。

このほか、現在もカンボジア最大の特産品として生産がつづけられている織物関係の展示や、熱帯地域独特の木材を材料にして動物や植物をデフォルメし見事なレリーフを表現したパイプなどもあります。また建築工事で水準器として用いられる墨壺などは、わが国でもよく見かける大工道具の一つですが、この地域でも同様なものが使われているようです。これらの品々は民俗資料の展示で見ることができます。

続いて左手奥の展示室中央には木彫りの仏像が安置され、供養壇が設けられています。そこに花や供物が供えられ、線香を手向けて礼拝する人々の姿があります。通路では線香を観覧者に渡して供えるように促している女性がいます。博物館では「火気厳禁」は常識だと思っていましたから驚きましたが、ここでの仏像は展示物ではなく礼拝対象であり、仏が生活の中で生きつづけているということなのでしょう。カンボジアでは、アンコール遺跡群などでも熱心な仏教徒が仏像を崇められている姿を見ることができます。

続いて、クメール陶器および青銅器の展示です。いずれもガラスケースに収められています。クメール陶器は、大型の壺や甕などの日用雑器が多いのですが、文様や装飾が伴っていないことや素焼きや黒褐色の地味な色調の釉薬によって表現される素朴さに特徴があります。造形的魅力に欠けるようにも思われがちですが、一種独特な雰囲気をかもし出しています。

一方、蓋の中央に独特の円錐を積み重ねたようなつまみのある舎利容器とされるものもあります。これらは造形的にも優れており、とくに表面に緑色の釉薬が施されていることが多いのも特徴的です。

クメール陶器の系譜は、インドからという説と中国からという説の二つがあります。文化の流れから見ると、ヒンズー色が濃いこともあってインド説が有利なようにも思われます。舎利容器を見ていると強くそう感じるのですが、実際にはインドでの陶器生産の内容がほとんど明らかになっていないことや、クメール陶器が生産された時代が中国の陶磁器生産が最盛期を迎える時期に該当することから中国からの説も捨てられません。この陶器展示コーナーでは、把手付壺や長頸壺などの無釉の陶器や褐色釉のものなど多彩な展開をする陶器を見ることができます。しかし出土地が不明となっていたり、時期表示が九～十一世紀というように相当な幅が見られるなど、解説が不十分なのが残念です。

さらに進むと、人々の礼拝対象となっている十七世紀以降のポスト・アンコール期の木彫仏像が多数見られます。高さは五〇～二〇〇センチ、顔の表情も様々で、時期も様式も異なっていますので、さまざまな所から集められたもののようです。

展示室は土足可なのですが、礼拝対象の仏像が安置されているところでは、ここでは多くの人が素足になって跪いています。カンボジアが仏教国であることが実感できます。

先史時代からの考古遺物が並べられているコーナーがあります。中央のガラスケースには銅鼓が展示されています。銅鼓は太鼓のような形をした打楽器で、東南アジア諸国で多くみられ、農業祭祀に用いられたと考えられています。また、小型の青銅製品も展示されていますが、いずれも、石造彫刻に比較すると、展示自体がやや雑な印象を受けます。いずれにしても、この博物館には、現在見ることができるカンボジア美術の優品が集められており、十分満足できる内容でしょう。

博物館の受付はミュージアム・ショップをかねています。展示ガイドは日本語、フランス語、英語などの言語のものが用意されていましたが、展示品に関連した専門書などはわずかでした。ポスト・カードなどの定番商品のほかに仏像のレプリカやレリーフの拓本も販売されていましたが、ど

長頸壺

れも外国人観光客目当ての土産物、カンボジアの物価と比較しても決して安いものではありませんでした。

❖王　宮　The Royal Palace

一八六六年、ノロドム王は中部のウドンからプノンペンに遷都しました。

宮殿は一八七〇年の創建当初は木造建築でしたが、シンソワット王の時代の一九一九年にフランス人建築家によって現在のような姿に再建されました。

その後、内乱の時代を経て前国王シアヌーク殿下が一九九一年に帰国し、王宮に居住と公務の場を置きました。

王宮の中心部には即位殿があります。どっしりとした威厳のある仏塔のような装飾を屋根に施した、高さ五〇メートルの尖塔と黄金色が鮮やかな色彩の屋根が特徴です。この建物では国王の戴冠式や国王の誕生日などの重要な王室行事が行われます。

即位殿の奥まった部分の中央には玉座、右側にはセラマニ王、シアヌークの父ノロドム王の像があります。また側面の入口には大きな鏡が置かれています。謁見する際に服装に乱れがないかどうかを確認するための姿見だそうです。

王　宮

ノロドム王の像

正面側入口には青銅器時代の銅鼓が置かれています。銅鼓はベトナムを中心に、ラオス、カンボジアなどに広く分布する銅製の太鼓型の祭器です。農耕儀礼用の祭祀用具や楽器として用いられたとされていますが、太鼓のように叩いて音を出せることから、雨乞いの儀式に用いられたのかもしれません。ここにある銅鼓は古い時代のものではないようです。

即位殿右側には象舎、左側には宝庫、国王の執務室、舞踊などを行う舞台設備のある建物があります。このうち宝庫は衣装資料館として公開されています。

宝庫の前には「ナポレオン三世の館」と呼ばれる洋風の建物がありますフランス・ナポレオン三世の王妃ユージーヌからノロドム王への贈り物でフランスから移築されたものです。

王宮の建物は、大半が近年補修されたか、新たに建設されたものですが、かつての木造建物で使用されていた柱などの廃材の一部がシルバー・パゴダの壁面に置かれ、一〇〇年前の柱であることが表示されています。

❖衣装資料館（宝庫）Treasure house

王室の宝物や、王と王妃が日常的に、また儀礼に着用した衣装や持ち物

衣装資料館（宝庫）

刀剣の展示

王妃の七種類のドレス

が収蔵展示されている宝庫です。

衣装はもっとも奥のケースや側面のケースに入れられています。横長の大きなケースには王妃の七種類のドレスがあります。上着が襟の部分が「V」字に開いた襟なしの袖が基部で絞られ、下半身にはパンタロン・ズボンをひざ下で絞り、腰には緩やかに細いベルトを結んだもので、上着の上の方から斜めに襷《たすき》状の布を垂らしています。この帯の布とパンタロンの色は同じで、七着ともにデザインはすべて同じです。王妃が曜日ごとに着替えたのだそうです。靴の色はどれもクリーム色ですが、どれもかなり高いハイヒールです。おそらく毎日ほぼ同じものを履いたのではないでしょうか。

王が公式の儀式の際に着用する衣装がケース内に入れられています。白地に五つの金ボタン、袖と襟、両肩の部分に金糸がちりばめられています。

このほか考古学資料の土器があります。先史時代のものと表示されており、壺、高杯、鉢などがありますが、どこの遺跡から出土したのかは示されていません。陶器製の皿や鉢、壺などの食器類、表面に色彩豊かな文様が施された漆器製の台付き壺、黒漆の蓋を伴う壺などもあります。ここにはアンティークの品であると表示されていました。これらの仏具は仏教祭祀あるいは僧侶の托鉢行の際に用いられたものとみられます。大きさが異なる九個の容器が集められています。同じく仏具として用いられたと考えられる黄金色に輝く供物入れの容器などをはじめ多くの青銅製の器も集められています。

　ロイヤル・シルバー・ギフトと表示されている銀製のメダルや装飾品などが、ガラスケース内に隙間なく並べられています。王への献上品ではないかと考えられます。刀剣もいくつか展示されています。また、刀を収納している家具は黒漆が施され、金具は黄金製です。刀剣と対照的に家具はかなり豪華に見えます。

❖シルバー・パゴダ　The Silver Pagoda

　王宮の南側に隣接する寺院がシルバー・パゴダです。入口のすぐ左手には図書館、正面のシルバー・パゴダの東側にはノロドム王の騎馬像がある建物があります。

　この寺院は王室の仏教行事が行われる場所です。一〇九二年ノロドム王によって創建され、一九六二年にシアヌーク王によって現在の姿に改築されました。「エメラルド仏の寺院」とも呼ばれています。堂内は土足厳禁で、靴を脱いで入ります。内部の床に二〇センチほどの正方形の銀の板が五三二九枚敷き詰められていることからシルバー・パゴダと呼ばれています。しかし実際の床は絨毯敷きになっており、銀板はほとんど見えません。ちなみに銀板一枚の重量は一・一二五キロあるそうです。

　境内には、ノロドム王のストゥーパ（仏塔）、アンドゥオン王のス

シルバー・パゴダ

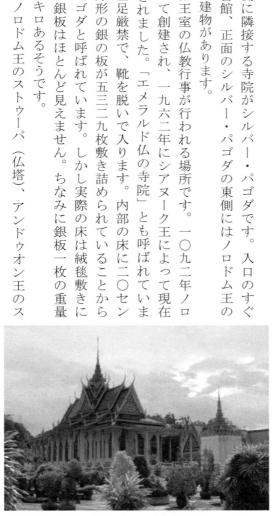

大きな黄金の
仏足石

回廊内の
フレスコ画壁画

アンコール・ワットの
精密なミニチュア模型

トゥーパ、スラマリット王のストゥーパ、そして幼くして病死したシアヌーク王の愛娘カンダ・ポーファ王女のストゥーパがあります。どれも刺すような鋭い太陽光線に照らされて白く輝き、ひときわ豪華です。また、樹木の茂る小さな森があります。これはカイラス山を模した人工的に造られた丘です。それに続いて大きな黄金の仏足石をおさめた建物があります。ここではガラスケース内に数々の宝物が展示されています。堂内は静寂が保たれ荘厳な雰囲気が漂っています。堂の中央には一九〇四年にシソワット王によって納められた黄金の仏像が安置されています。宝冠には二五カラットのダイヤをはじめ、全部で二〇八六個ものダイヤがちりばめられているそうです。

東側にめぐらされている回廊内側の壁面には「ラーマーヤナ」をテーマにした彩色フレスコ画の壁画が描かれています。ところどころ剥落しているところもありますが、全体としては物語の内容が美しく描かれており、ぜひ近づいて見学することをお勧めします。

シルバー・パゴダの背後には石の舞台があり、その上にアンコール・ワットの精密なミニチュア模型が置かれています。アンコール・ワットには緑の木々が茂っていますが、この模型では木々がないので、アンコール・ワット寺院の建物配置などがよくわかります。実に精巧な出来栄えで、しばらくそこから動けないほど感動しました。

寺院には、赤いブーゲンビリアや白や赤紫色の睡蓮の植木鉢がいくつも置かれ、たくさんの花が美を競っているよう

築地塀から外に出ると、王の象隊列装飾展示館、王族写真展示室などの展示施設や、休憩所・土産物店もあります。

❖王の象隊列装飾展示館　Elephant Box Gyarari

シルバー・パゴダの南側出口の近くに「エレファント・ボックス」と表示された建物があります。象の隊列に用いた輿、白象のレプリカ、象に騎乗する王族が使ったさまざまな形の鞍、鞍の側面の装飾などが展示されています。

象は陸上の動物の中で最も強いと言われることから、王の乗り物としてふさわしいとされてきました。バイヨン寺院の回廊やアンコール・ワットの壁画には、象に乗って戦う王侯貴族の姿が刻まれています。この展示館には、王や王族を乗せる鞍がいろいろと集められています。快適に過ごせるように日よけの屋根を付けたものや、座席部分に特別なクッションを置いたものなど気配りがみられます。

象の背中に乗せる座席、総勢六名で担ぐ輿が展示されています。座席部分の側面に黄金のレリーフ装飾が施され、担ぐ棒は朱色に塗られたかなり派手なものです。これはアンコール・ワット回廊壁の輿のレリーフをもとに再現したもので、その写真も展示されています。

背あてのある小型の座椅子には、基壇部分に黄金色に塗られたレリーフがめぐらされ、座席部分には座布団が置かれています。また、足を投げ出せるようにした一人用の座席、日除けのついた二人掛けの座席があります。おそらく王妃と一緒に乗った時に使用されたものでしょう。

ここに展示されているものは、ルビーやサファイアをちりばめたものや金色に輝く装飾のあるもの、漆塗の鞍など、バイヨン寺院などの観光地でよく見られる観光客用の座席の鞍とは比較にならないほど豪華なものばかりです。

王の象隊列装飾展示館

❖王族写真展示室　Royal Photo Souvenir Gyarari

シルバー・パゴダの回廊外側に沿って建てられた平屋建ての建物二棟が展示室に充てられています。祭礼の際の衣装や道具をはじめ、王の儀式や王族が参加した独立記念日の様子を撮影した写真パネルなどが展示されていました。その前の棚にはミニチュアの素焼の土器が並べられています。これらは焼成段階で電気窯かガス窯を用いるようで、黒い煤の痕跡は見られません。

王宮やシルバー・パゴダの混雑ぶりに比べ、この展示室の見学者は多くないようです。

この展示室に隣接する建物の床下では女性が機織り作業を行っています。またほかにも民俗文化財であるさまざまな民具類や船などが並べられていましたが、とくに解説の表示は見られませんでした。

王族写真展示室

❖ワット・プノン　Wat Phnom

プノンペンの市街地をほぼ南北に貫く大通り、ノロドム通りの北端の小高い丘の上に建てられた寺院がワット・プノンです。市内随一の歴史を有し、参詣者の絶えない寺院です。

一三七二年、ペン夫人がメコン川の岸に流れ着いた流木の中から仏像を見つけ、近くの丘に祠を作ってその仏像を祀ったのがこの寺院の始まりとされています。この伝説から、「ペン夫人の丘」という意味のプノンペンがこの町の名前になったとのことです。

ワット・プノン

ペン夫人をまつる祠

　この寺院は創建後たびたびの災禍にあいましたが、その都度再建され、現在の寺院は一九二七年に再建されたものです。丘の東側にナーガの石像があり、そこから緑に覆われた丘の頂上まで石段が続きます。階段を避けたい場合は、丘をらせん状に登る坂道があります。

　階段を上り詰めると、正面にワット・プノン寺院の伽藍建物があります。本堂の正面左右にはシーハー（狛犬状の石像）があり、最奥部にはひときわ高く白く輝く仏塔がそびえています。

　この仏塔は一四二一年から一四六七年まで在位したボーニャー・ヤット王のために造られたものです。ボーニャー・ヤット王は一五世紀前半にシャムの侵略を受け、アンコールの王都を放棄し、一四三四年頃に都をこのプノンペンの地に遷したとされています。この仏塔にはその王の遺灰が納められているとのことでした。

　塔の南にはペン夫人をまつる祠があります。仏塔の立派さに比較すると、申し訳程度の小さな祠ですが、極彩色の派手なペン夫人像が見られます。祠の前には参詣者用のじゅうたんが敷かれ、夫人像の前は供物や花でいっぱいです。訪問時もひっきりなしに参拝者が訪れ手を合わせていました。

　なお、ワット・プノンの北西部に、この寺院の建設の歴史をジオラマと絵画パネルで解説している**ワット・プノン博物館 Wat Phnom Museum of Art**があります。

❖独立記念塔 Independence Monument

プノンペン市街地の中心部にある独立記念の塔です。赤茶色のクメールカラーに塗装された正方形の本体に六層の屋根を伴ったもので、それぞれの屋根の先には五つのナーガ像が配置されています。

この塔は、道路のロータリー中央に設置されています。道路中央の分離帯部分は広く、植栽で整備された緑地公園になっています。近年シアヌーク像が設置され、この独立記念塔とともに毎晩ライトアップされています。

カンボジアの暑く長い夜、この付近に多くの若者が集まってきます。都心部の格好のデート・スポットでもあるようです。ただし車や人の往来が頻繁で、あまりゆったりとするという雰囲気はなさそうなのですが……。

独立記念塔

❖トゥル・スレン博物館 Tuol Sleng Genocide Museum

ポルポト政権時代に、政治犯収容所として使用された場所に建てられた博物館です。正式名称は、トゥル・スレン虐殺犯罪博物館です。

かつては高等学校だったこの建物では、校庭で遊ぶ生徒の歓声、教室では懸命に勉強に励む若者の姿がありました。しかし一九七五年から一九七九年までの間、ポルポト政権時代の三年八ヵ月間にわたって、その校舎が

トゥル・スレン博物館

鉄の骨組のみになったベッド

狭い独居房

S21（Security Office 21）と呼ばれ、人々から恐れられていました。

ここに収容された人の多くは反ポルポトの人々ではなく、ごく普通の市民でした。とりわけ有識者が多く、公務員、教員、医者、軍人などで、なかにはポルポト派の幹部も含まれていたそうです。年齢的にも老人から子供まで含まれ、その犠牲になった人々の写真が、かつての教室（収容所）の中に掲げられています。収容者の多くはスパイの疑いがかけられ、キリング・フィールドで処刑され、人知れず埋められました。

現在四棟の校舎が残されていますが、傷みがひどく、崩落の危険のある箇所もありました。最も左手にあるA棟は、尋問用の部屋で、そこには鉄の骨組のみになったベッドが一個放置され、赤い鉄さびが年月の経過を物語っています。

B棟には、ここに収容され、粛清された人々の写真が部屋一面に掲げられています。それらの写真もせいぜい手札サイズかその半分の証明用写真程度のものです。モノクロ写真で男女、年齢の区別なく、ほとんど隙間なく貼られています。これらの写真はポルポト政権から、革命の成果として文化大革命中の中国に送られたということです。

C棟は三階建て校舎の全フロアが展示に使用されています。ここには狭い独居房が作られています。この独居房は畳一畳ほどで、明かりはなく、煉瓦で周囲を囲っただけという簡易なもので、急ごしらえだったことがわかります。三階には独居房はなく、雑居房として使用されていました。長い間補修工事も行われずに放置されていたため校舎自体はかなり傷み、床も穴が開いているところもあり、よほど注意しなければ思わぬ怪我をするかもしれません。

D棟には、かつての収容者が記憶を元に描いた絵画や拷問に使われた鉄輪などが並べられています。

校庭には、吊るして苦痛を与える拷問に使われた鉄棒の柱、犠牲者を葬った白い棺など学校には不釣り合いな光景があります。また教室には、拘束に使われた鎖などの道具が展示されています。ここで行われた拷問の残酷さを無言で告発しているようでした。

なお一九七九年、ベトナムによって解放された時の生存者はわずか四人に過ぎませんでした。解放後、この施設はポルポト勢力の残虐性を世界にアピールするためのプロパガンダとして、ベトナム軍によって公開されました。

❖キリング・フィールド　The Killing Fields

ポルポト政権時代にポルポト軍によって処刑された人々が埋められた場所が、プノンペンの南西約十二キロのチェンタ村にあります。ここは水田などの農地が広がる静かな農村地帯ですが、かつては中国人の墓地があったようです。また、急ごしらえの埋葬地だったようで、石材などかつての

キリング・フィールド

拷問に使われた鉄輪

犠牲者慰霊塔

墓地の名残りのようなものが各所に見られます。

ここが、かつてのポルポト政権が行った残虐な処刑の場所「キリング・フィールド」として公開されています。人類が行ったこれ以上ない残虐行為という負の遺産として今後も残されていくでしょう。

中心部には犠牲者の鎮魂のための慰霊塔が一基建設され、内部にはこの地域から収容された犠牲者の頭蓋骨がうず高くつまれているのが、ガラス窓を透してよく見えます。ここから発掘された犠牲者の数は八九八五柱をかぞえており、その数は今後も増加するだろうといわれています。

このあたりを歩きながら地表面を見ると、随所に人骨と思しき白い破片が見つかります。いずれも犠牲者のものだそうです。しかし収容されたのは頭骸骨のみで、ほかの部位の骨はほとんど収容されずに放置されたままになっています。

人骨を埋めたと思われる穴

プノンペン近郊

土器づくりの村

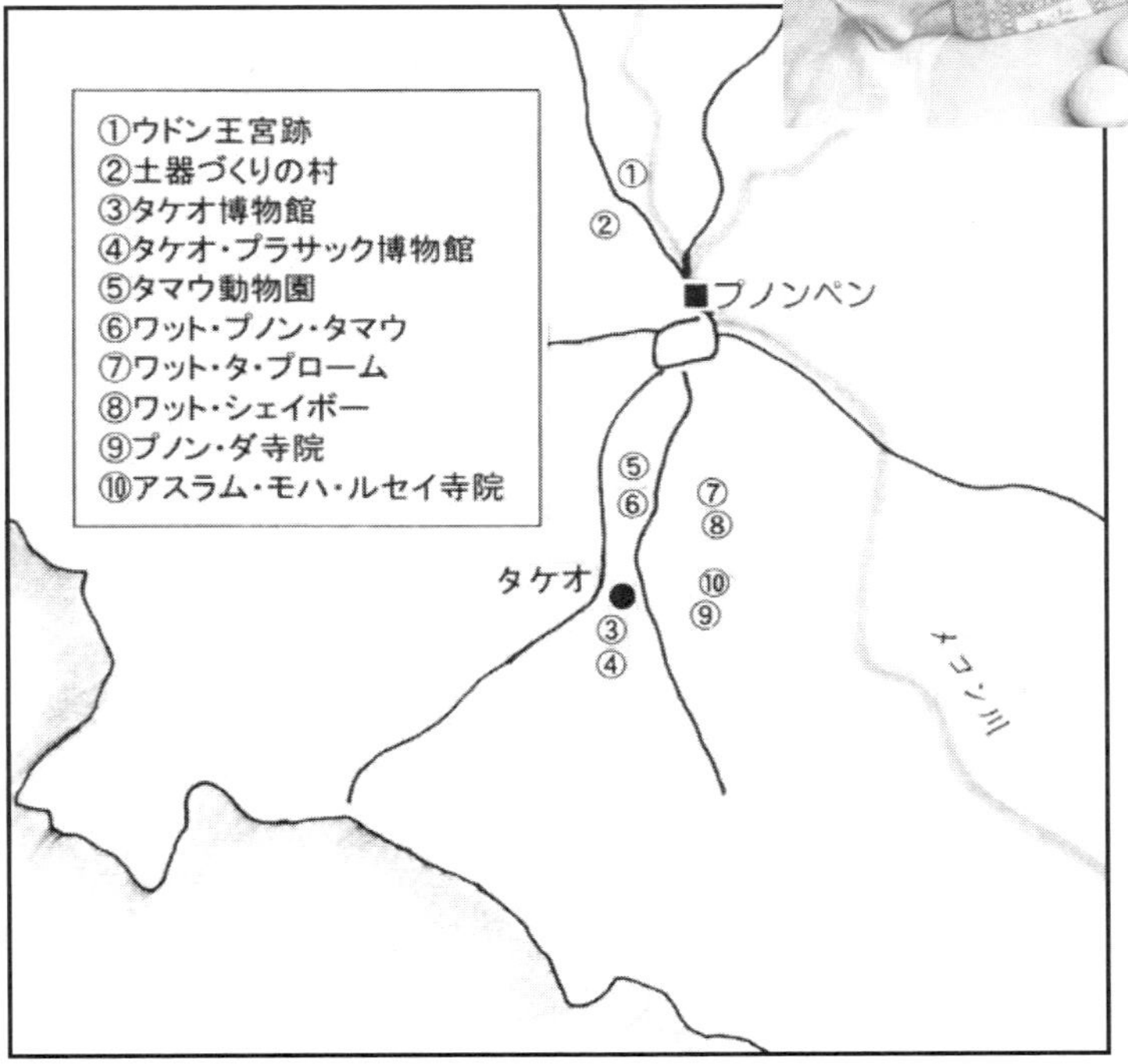

❖ウドン王宮跡　Oudong Palace Site

プノンペンに遷都する前、一六一八年から一八六六年までの約二五〇年間都が置かれたのが、トンレサップ川の沿岸に広がるウドンでした。

トンレサップ川は中世以来の主要な交通路であり、ここは港町として開けました。オランダなどのヨーロッパの商人、朱印船貿易の日本人商人が頻繁に行き来していたようで、町の一角にはヨーロッパ人の墓地も見かけました。日本人町も作られていたといわれ、近年ポニャール遺跡の発掘調査が行われ、十六～十九世紀にかけての日本産陶磁器などが多数出土したそうです。

王宮の痕跡はほとんど残っていませんが、幅数十メートルもの大きな人工の濠があります。王宮を囲んでいたと考えられており、これだけでも王宮の規模がわかります。

かつて王宮があったとされるところにはリャンチャ寺院が建てられています。この寺は、現在のフンセン首相の父親の信仰が厚いことで知られています。「リャンチャ」には「元の王宮」という意味があります。

ちなみに、日本の国民食ともいえる「うどん」はこの地域の麺類がルーツという説もあります。

リャンチャ寺院

王宮を囲んでいた濠

❖土器づくりの村

現在も残る伝統的な土器づくりの村はいくつかありますが、観光客にお勧めの村はコンポンチュナン州のアンロン・ルサイ村でしょう。ここでは今も乾季の間、土器づくりを行っています。最近では、ありきたりの観光コースではなく、こうした土器づくり体験ツアーも増えているようです。

ここの土器づくりを簡単に説明しましょう。

まずヤシの幹を輪切りにして円柱の台を作ります。その台上に粘土を紐状に巻き上げていきます。通常はロクロのように台自体が回るのですが、ここでは作り手が周囲を回っています。「人間ロクロ」と呼ぶのがふさわしいようです。続いて、叩き板と当て具を使って形を整えていきます。このようにしてまずは底が抜けた円筒形のカメが出来上がります。そして今度は膝の上で、再び叩き板と当て具で底を作っていきます。ここで使われている道具は日本の弥生時代や古墳時代の遺跡から出土しているものとほとんど同じであるのに驚きました。

ここまでの工程は一人で行いますが、一個当たり二〇分以内で終わっています。この作業を行っているのはほとんどの場合女性です。男性は焼く作業で活躍することになります。

一日か二日程度の乾燥させた土器は地面に並べられ、その上を稲藁やヤシの葉で覆います。そして火がつけられます。わらが燃え尽きないようどんどん追加されていきます。火勢の調整のために水がかけられることもあるのですが、ここではそれは行われていませんでした。やがて一時間程度の焼成作業が終わり、しばらくの間熱を冷まします。焼成場所から焼いた製品は木の枝の棒で実に器用に移動させていきます。これら一連の焼成作業は男性の仕事で、女性は燃料を運ぶ手伝い程度の作業です。実に見事に男女分業が行われています。

成形から焼成そして搬出まで
土器づくりの工程が見学できる

完成した製品は、カンボジア国内で販売されますが、販売の仕事も主として男性の仕事です。何日もかけて牛車でシェムリ・アップまで運んで売る、近くのバザールへ持っていく、たまに訪ねてくる仲買人に販売するなどさまざまな方法で販売しています。土器づくりは農業作業が暇な乾季には重要な収入源になっています。

この季節、男性は砂糖づくりにも精を出しています。砂糖ヤシの樹液を採取して煮詰めて砂糖を生成します。パームシュガーとして国内外のマーケットで販売されています。また砂糖ヤシの樹液を用いてヤシ酒造りをしている家庭もあります。蒸溜までの工程を行わないヤシ酒は、本格的な酒造りとはいえず、パームビアーと呼ばれるアルコール分の少ない酒で、あくまで家庭用の小規模なものです。ちなみに、ヤシ酒は蒸留酒としてひと手間くわえられると五〇度を超えるアルコール度があり、火を近づけると簡単に燃えます。

最近では、ありきたりの観光コースではなく、これらの土器つくり体験をする体験ツアーにこれらの村も組み込まれているようです。興味のある方はそれらのツアーに参加されてはいかがでしょうか？

❖タケオ博物館　Takaev Museum

タケオ州は、カンボジア最古の都、ノーコー・コクトークがあったといわれる都市のある州です。面積は三五六三平方キロ、人口九〇万九一九一人（二〇〇七年）です。一八六三年フランス統治下の頃、この地域の大地主のカエウ老夫婦が町づくりのために自分の土地を提供したことから州の名前を「ター・カエウ（カエウおじさん）州」としました。現在この老夫婦の銅像が州の中心部に建てられています。

八本腕のヴィシュヌ神石像

タケオ博物館

プノン・ダ様式と
呼ばれる作品群

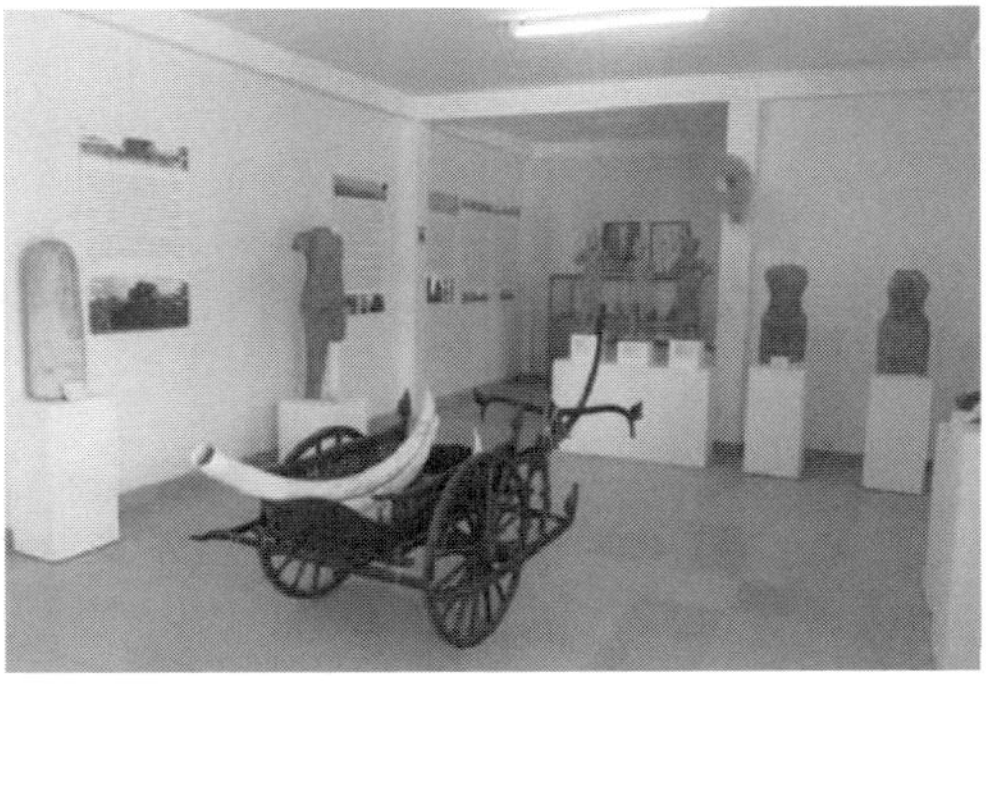

民俗資料の荷車に
乗せられた大きな象牙

タケオの市街地に小じんまりとした博物館があります。建物は平屋建てで、伝統的なクメール様式を踏襲する入母屋造りの屋根中央に塔を被せるという複雑な構造です。博物館入口のモニュメントは日本の神社の鳥居のモチーフにも似ていますが、塗装された外面の色調はクメールカラーとされる赤茶色で統一されています。

展示室は一フロアのみです。壁面には遺跡の写真と解説文がパネルで掲げられています。タケオ州とその周辺から発掘されたクメール遺跡の出土遺物、地域の伝世品の木彫りの仏像彫刻、石仏などの石製品を展示保管しています。特徴的な作品をいくつか紹介しておきましょう。八本腕のヴィシュヌ神石像は六世紀、プノン・ダ遺跡出土のものです。プノンペン国立博物館にも残存度の良いものが展示されていますが、それに劣らない優品です。このほかにもタケオ、プノン・ダ遺跡周辺から出土した仏像があります。プノン・ダ様式と呼ばれる作品群です。民俗資料の荷車には大きな象牙が乗せられていました。リンガヤヨリというヒンズー教のシヴァ神とされる石像遺物も展示室に数点展示されていました。館の担当者が収蔵室にもたくさんあるよというので案内してもらうと、そこには未整理の遺物が多く置かれていました。

❖タケオ・プラサック博物館　Takaev Prasak Museum

タケオの市街地から約二五キロ離れたアンコール・ボレイ郡にある博物館です。

この博物館へは陸路だと湿地帯をさけて延々三時間余りの未舗装の道路を走るのですが、ボートで水路を移動することもできます。ごく普通のレ

タケオ・プラサック博物館

ジャー用のモーター・ボートを利用しての移動です。この地域には運河が縦横に張り巡らされており、雨季の時期には陸路よりはるかに便利です。目的地までは約四〇分余りで到着します。五月に訪問したのですが、この時期は乾季の終わりで、水が少なく、水量不足で通行不能部分が多くあるとのことでした。水路では水浴をする子供たちや、網で魚を捕る漁師、鴨を飼う家族などの姿を見ることができます。ボートがスピードを出して、木造の作業船の横や子供たちの間を通り過ぎるのはなかなかスリルがあります。

この博物館は、一九九九年に「プラサック」というＮＰＯ団体が州当局と協力して周辺遺跡から出土した遺物を収集し、展示する施設として建設したものです。

建物は、入母屋屋根の中央に塔を被せたようなカンボジア独特の瓦葺建物で、全体にクメールカラーの赤茶色に塗られています。タケオ博物館とよく似ています。正面と両側面の屋根の破風には装飾文様があるのですが、直射日光に反射してよく見えませんでした。

展示室は一階のフロアのみです。入口正面には、長方形の石像の台座が置かれていますが、その上部の彫像は失われています。入口を入ると奥壁にカンボジア全土とタケオ州の地図が掲げられ、その前方には二個の展示台に乗せられた石製のリンガが置かれています。なおこの館では展示品は展示台上に置かれています。

ところで、ヒンズー教寺院によくみられるリンガとは次のような形をした遺品です。これは基礎となるヨネの台に彫り込まれた穴に差し込まれる正方形と、六角形の柱状部分、さらに先端の球形部分とから構成されており、表面は黒光りするほど磨かれた石材で製作されているものもあります。これらはヒンズー教の主神であるシヴァ神にちなんだもので、リンガとヨネのセットが本来の姿ですが、リンガのみのものも多く見られます。このことは、この地域にヒンズー教が浸透していたことの証となります。

★★リンガ★★

上下二つの石から構成されるもので、ヒンズー教寺院ではよく見られます。下部は方形でヨニ（女性器の象徴）と呼ばれ、中央は八角形の基部と先端が丸い円柱形のリンガ（男性器の象徴）をヨネの穴に入れます。さらに祭祀の際にリンガに注がれた聖水を流すための溝がヨネの周囲に掘られています。

❖タマウ動物園　Ta Mao Zoo

タケオ市街地から三七キロ離れたところに一九九五年に開園した動物園です。一二〇〇ヘクタールが開発され、そのうち八〇ヘクタールが動物園として使用されているそうです。まさに自然に恵まれた森林の中に道路と動物舎が設けられたという印象です。ここには九六種、九六二頭の動物が飼育されています。

この動物園は広大なサファリ・パークのようです。縦横に張り巡らされた自動車用通路を車で移動し、お気に入りの動物の飼育檻の前で降車し見学するのが一般的です。危険がない動物は檻の中に入って見学できるようになっています。しかしワニの飼育池は、周囲が木々に覆われているためどこにワニがいるのかわからず、不気味でした。象の飼育舎の広場はかなり広くとられていましたが、象の親子は直射日光を避けて、通路からはかなり離れた屋根のあるところで休んでいました。鹿は角に突かれる危険があるため、ゲージの中に入れて飼育されており、奈良の鹿のように近づくことはできません。ライオンや虎な

サファリ・パークのような動物園

ども飼育されていますが、さすがに三七度を超える暑さのためか、木陰で横たわって全く動きませんでした。広い敷地に飼育されている動物のうち、目にすることができたのはあまり多くありませんでしたが、平日にもかかわらず親子連れでにぎわう人気の観光地のようです。

❖ワット・プノン・タマウ Wat Phnom Ta Mao

タマウ動物園の左手の道をしばらく行くと、動物園の客目当ての茶店がたくさん見えてきます。車を降りて森の中を歩くと小高い丘がありました。この丘は砂岩が露呈しており、径一〇メートルをはるかに超えるものもあります。ちなみに寺名のタマウとは石のことです。

長い階段の中間地点付近に岩をくりぬいて造られた洞窟があります。内部には神像を祀ったと考えられる台石が中央に残されています。この洞窟は、カンボジア内戦の際にポルポト軍によって殺害された人々の火葬場として用いられていたとのことです。タケオ州はベトナムに国境を接していることもあって、ポルポトに反抗する勢力が数多く存在しており、カンボジア全土の中では最も迫害されたということです。

この洞窟の前にはテラスが広がり、下界の景色を望みながら一息つける場所です。洞窟から右手にはさらに急な階段が頂上へ続いています。階段の右手には新しく造られた仏足石が置かれ、階段の両側には緑色に塗装されたナーガ像の欄干が見られます

ワット・プノン・タマウ

丘の頂上には大きな方形の煉瓦造りの塔が一基見られます。七メートル四方、高さは一三メートルあります。入口の上部に配置された梁であるリンテルは、この山に産出する石材が用いられています。またそ

の表面には踊るシヴァ神の細かなレリーフが刻まれています。

❖ワット・タ・プローム Wat Ta Prohm

タケオの町の北四四キロに位置しています。シェムリアップ・アンコール遺跡群内にも同名の寺院がありますが、ここからは遠く離れています。プノンペンでの仕事のついでに短時間でアンコール遺跡を体験したいという外国人には、この寺院を案内していますとガイド嬢は話をしてくれました。

確かにラテライトと砂岩で造られた建物は十分にアンコール地域の遺跡の雰囲気を持っているといえます。アンコール地域のタ・プローム寺院のように大きくはありませんが、同時代の一二世紀後半から一三世紀初頭に、ジャヤ・ヴァルマン七世により造られた寺院の遺跡です。

ワット・タ・プローム

遺跡にめぐらされたラテライトの周壁や各方向に設けられた門など、寺院の伽藍配置の体裁は一応整っています。中央祠堂はラテライトが建築資材に使われ、リンテルなどには砂岩が用いられています。中央祠堂は四・二×三・六メートル、高さ一一メートルあります。

中央祠堂の入口

❖ワット・シェイボー　Wat Syeibo

ワット・タ・プロームの北側にある小型のラテライト造りの寺院遺跡です。建物の壁面には美しい彫刻が残されています。この遺跡の前方と後方には現代寺院の伽藍建物が建ち並んでおり、対照的な光景が何ともいえない雰囲気があります。

ところで、ワット・タ・プロームとこの寺院の創建者について次のような伝説が残されています。

その昔、アンコールの都を離れてこの地にやってきていたジャヤ・ヴァルマン七世は、地元の美しい娘ボーを見初めました。しばらくして七世は都へ帰ることになり、別れ際に自分の指輪をボーに渡します。その後ボーには子供が生まれますが、父親が誰なのか息子には秘密としていました。時の経過とともに成長した息子プロームに母は出生の秘密を明かし指輪を渡します。アンコールの都に行ったプロームは、王に会い指輪を見せます。王は息子を王宮に迎え、地方官として故郷へ戻します。故郷に戻ったプロームは、そこで会った美しい娘に恋をします。実はこの娘は美しいままの母ジェイ・ボーだったのですが、プロームはそうとは気づかず娘にプロポーズしてしまいます。娘は一晩のうちに寺を建てたほうが結婚するかどうかを決めるという条件を提示します。まもなく二人は建築作業を始めました。しかしボーは夜中に明かりをともした気球を空に上げます。これを夜明けと勘違いしたプロームは工事を中止してしまいます。ボーは寺を完成させ勝利します。ここでようやくプロームはボーが自分の母であることに気づきます。

その後の話は聞くことはできませんでしたが、寺院の建設にかかわる伝説として今も伝えられているようです。

ワット・シェイボー

❖プノン・ダ寺院 Phnom Da Temple

かつて扶南の都があったとされるアンコール・ボレイの小高い丘の上にある八世紀の寺院遺跡です。

アンコール・ボレイ博物館に隣接するボート発着場から、トゥクトクをチャーターして陸路で山裾まで向かいます。バイクにひかれて動くのですが、悪路に加え、大人が三人も乗るとさすがに動きは鈍くなるようです。砂埃を巻き上げながら走ること一五分ほどで山裾に到着しました。

プノン・ダ寺院

洞　窟

入口には茶店が建ち並んでいるとガイドブックには記載されていますが、一軒しか営業していませんでした。この時期は乾季でスピード・ボートの通る水路の水が枯れることから、参詣者が少なく閑散としています。茶店から細い道が数十メートル続き、そこからは丘の上までコンクリートの長い階段があります。階段の左手に洞窟があり、祠が設けられています。ポル・ポト時代、そこで処刑が行われたそうです。

頂上にはラテライト造りの巨大な塔が一基あります。階段を登りつめたところの塔壁面は比較的よく残っており、そこには偽扉が設置されています。塔の開口部は北側にあり、他方向には大きな偽扉があります。開口部の両側、上部は破損が進み、装飾などの残存度はよくありません。塔の上層部の屋根は煉瓦が用いられていますが、崩落が進み、かつての姿は失われています。

頂上では仏旗が旗さおの先でたなびき、わずかな平坦面にはベンチが備えられ参詣者を迎えています。そこからの眺望はよく開けており、のどかな乾季の水田が広がっています。

❖アスラム・モハ・ルセイ寺院 Asram Mooha Rusei

アンコール・ボレイのプノン・ダ寺院のすぐ横の低い丘の頂上にある寺院遺跡です。この丘は裾から建物のある部分まですべて砂岩で覆われており、基盤自体が砂岩の山です。その斜面部分を整形して平坦部を作り、そこに正方形の三層造りの建物を建てています。塔の下層は正面中央の開口部に扉があり、両側に小さな方形の窓を設けています。プノン・ダ寺院とは全く異なる質の石材が使用されており、全体的に摩耗などの痕跡は少なく保存状態は良好です。他の寺院遺構と比べると異様な印象を与えます。

アスラム・モハ・ルセイ寺院

シェムリアップ

ワット・アトヴィア

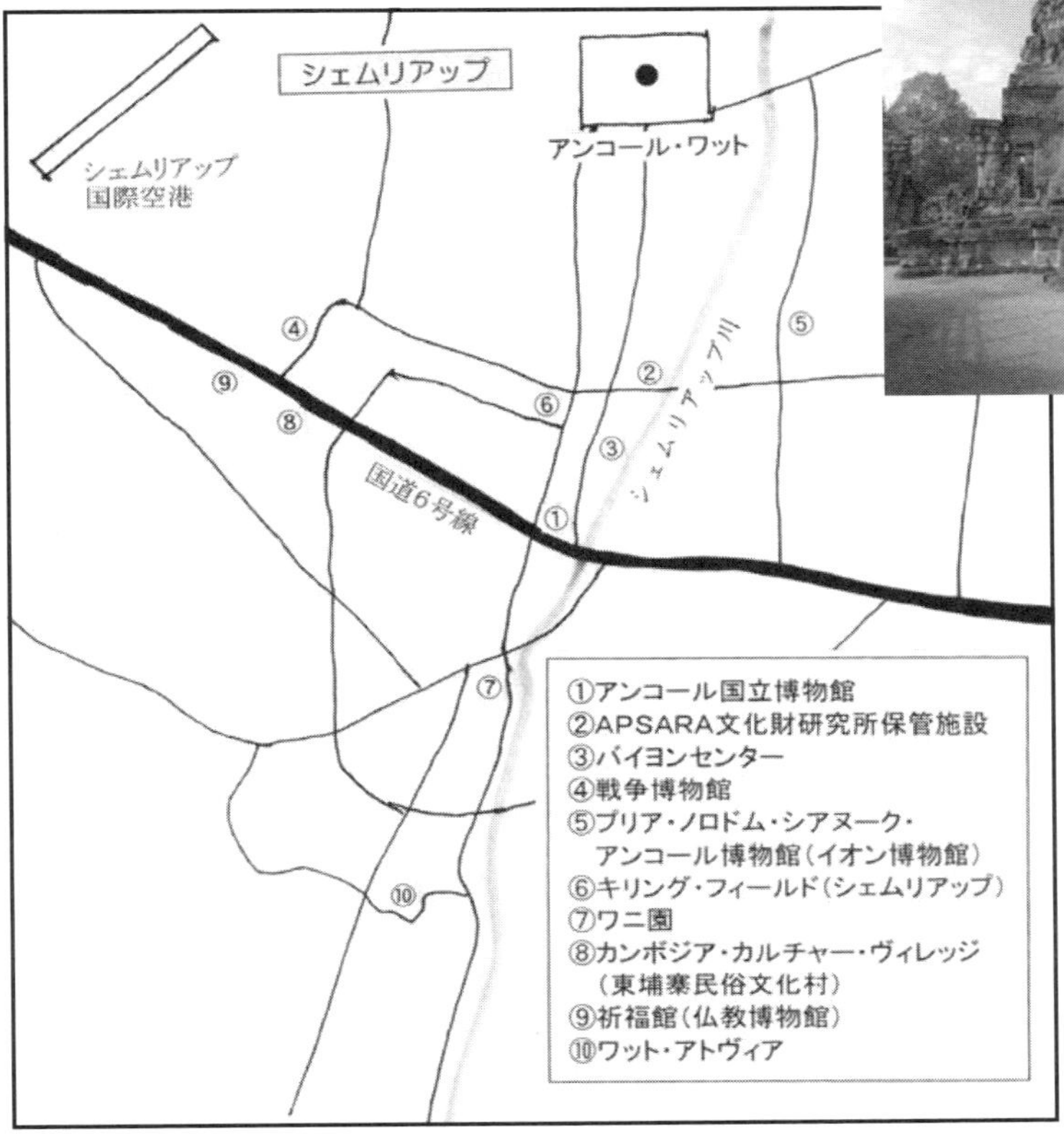
シェムリアップ
シェムリアップ国際空港
アンコール・ワット
国道6号線
シェムリアップ川
①アンコール国立博物館
②APSARA文化財研究所保管施設
③バイヨンセンター
④戦争博物館
⑤プリア・ノロドム・シアヌーク・アンコール博物館（イオン博物館）
⑥キリング・フィールド（シェムリアップ）
⑦ワニ園
⑧カンボジア・カルチャー・ヴィレッジ（東埔寨民俗文化村）
⑨祈福館（仏教博物館）
⑩ワット・アトヴィア

カンボジアでは、首都のプノンペンよりも世界遺産アンコール遺跡群の最寄りの都市であるシェムリアップのほうが世界中に知られているかもしれません。

シェムリアップは、プノンペンの北西約二五〇キロ、トンレサップ湖の北にある小さな町です。人口は約一八万人です（二〇〇九年）。アンコール遺跡群の観光拠点でもあり、ホテルやレストランも充実しています。

博物館はアンコール国立博物館、シアヌークイオン博物館が歴史美術系博物館として設置され、戦争関連ではアキラー地雷博物館、戦争博物館があります。このほかカンボジア・カルチャー・ヴィレッジ、祈福館などがあります。

また世界遺産アンコール遺跡群として知られる寺院遺跡群は、アンコール遺跡文化財保護機構（ＡＰＳＡＲＡ）を中心に世界各国の政府の援助のもと保存整備が行われています。

❖アンコール国立博物館　Angkor National Museum

シェムリアップ市街地からアンコール・ワットに通じる目抜き通りに面した博物館です。建物はクメール様式ですが、近代的建築の要素を取り入れた、白と茶色のコントラストが目立つ建物です。

博物館は二〇〇七年に開館しました。開館当初は展示品が十分揃っていないことから、外国人六ドルだった入館料が、二〇〇八年秋には外国人一二ドル、カンボジア人六ドルとなっていました。地元の人には他の物価に比べあまりにも高いと不評です。

受付で入館料を支払うと「パスポート」と印刷された小冊子が渡されます。末尾頁にはスタンプ欄があり、リピーター割引が受けられるようになっています。割引は二回で一ドル、三回では一ドルとミュージアム・ショップ五％引き、四回で二ドルと五％引き、五回で二ドルと一〇％引き、六回で三ドルと一〇％引きです。入館料値引きが妥当かどうかはともかく、リピーターを呼び込むためのアイデアでしょう。しかし遠来の外国人観光客がリピーターとなる可能性は少ないし、もっともリピーターとなるべき現地の人にとっては高いのですから、その可能性もほとんどないでしょう。

チケットチェックの後、らせん状の通路で二階に上ります。最初の部屋はこの博物館のガイダンス・ホールです。広い画面に映し出される映像によってクメール文化の紹介や博物館の概要など

アンコール国立博物館

が案内されます。説明用の言語をクメール語、フランス語、英語のほか日本語や中国語などから選択することができます。ガイダンス・ホールに入ると係員にどこから来たのかと尋ねられます。その答えに応じて言語が用意されます。

最初に訪問した時は日本語は用意されていませんでしたが、二〇〇八年秋には、全ての展示室で日本語での対応が可能になっていました。

本格的な展示は、ガイダンス・ホールに隣接した1000 Buddhas Images（千仏イメージ）と名づけられている展示室から始まります。

中央の台と四方の壁面に設置された小さな棚にたくさんの仏像が置かれています。これはおそらく仏龕を意識して作られたものでしょう。木造、金属、石造など様々な種類、時代の三〇～五〇センチの仏像が数多く集められ、見るものを圧倒します。ただ時代や仏像の種類や様相も異なっており、展示意図がよくわかりません。「千仏」にこだわり雑多に集められているように感じます。アンコール地域のイメージが「仏」であることを印象づけるのが目的なのでしょう。いずれにせよ、千体の仏像を集めていることは相当贅沢なイメージ形成の展示といえます。

中央の台には五体投地の石像があります。これは仏に祈りを捧げる敬虔な信者の姿を表しています。

展示室入口近くの廊下には窓が設けられ、中の仏像が覗けるようになっています。また、供養壇の上には香炉が置かれ線香の煙が絶えず、花や菓子などの供物も盛り上げられています。ここは礼拝場所であると実感します。展示室外の廊下の石造仏にも同じように供花や線香が供えられていました。

プノンペン国立博物館でも同じような光景を見ましたが、たとえ博物館であっても仏像は礼拝対象として大切にされているのです。

ギャラリーAは、プレ・アンコール様式のクメール文化を紹介するコーナーです。ここから先の展示は、

入口ロビー

2階ロビーの石像

博物館の中に蓮池が

供養壇

千仏イメージのコーナーとは異なり、それぞれの時代、文化の最高のコレクションが集められています。大型の色彩豊かなパネルを壁面に配し、原色のスポット光線を多用するもので、展示品本来の色彩を損なってしまう手法が採られています。この種の展示はカンボジア国内ではここが初めての試みで、プノンペン国立博物館の展示とは大きく異なるものです。ただしあまりに色彩的効果を狙ったため照射される光線の色彩が強く、展示品そのものの色がわからなくなってしまうともいえます。展示の演出がやりすぎと感じる人も多いのではないでしょうか。各様式の石造彫刻は鑑賞には適した量と間隔で配置されており、好感が持てるものでした。

ギャラリーBでは、プレ・アンコール時代の「宗教と信念」というテーマで展示が行われています。展示品の主体が石造彫刻であることは変わりませんが、プレ・アンコール時代に使用されていた文字（古典語の銘文）の刻まれた石碑など、仏像以外のコレクションも見ることができます。縦長のガラス（アクリル）ケースに入っているものや、台の上に露出状態で置かれているものもあります。残念ながら銘文の解読などの説明はなく、実物石碑がポツンと置かれていました。

ギャラリーCは、カンボジアを代表する偉大な王とその事跡が展示テーマとなっています。対象となっている王は、ジャヤ・ヴァルマン二世（八〇二～八五〇年在位）、ヤショーヴァルマン一世（八八九～九〇〇年在位）、アンコール・ワットを建設したスーリャヴァルマン二世（一一一三～一一五〇年在位）、アンコール・トムの建設を行ったジャヤーヴァルマン七世（一一八一～一二一八年在位）の四名の王です。ここでは各王の生前の姿をしのばせる石造彫刻やその業績の紹介が行われています。

階段を下りて一階フロアの展示です。廊下から眺めると中庭の池と空の青さが印象的です。夜は空に輝く星の美しさが格別で、神秘的な世界にいざなってくれます。池には睡蓮が植えられており、その花の美しさは訪れた人々の眼を癒してくれます。

中庭の池横にギャラリーDがあります。ここではアンコール・ワット寺院そのものをテーマにした展示が行われています。入口の両脇にはアンコール様式の石造彫刻があり、室内ではアンコール・ワット全体の建物を中心軸で半裁するという断面観察を可能にしたユニークな構造のジオラマがおかれています。アンコール・ワットは地上の天国とも言われた構築物で、航空写真やバルーン上から俯瞰することはできますが、このジオラマはその目線の位置で作られており、かなりの迫力です。照明効果による夕日に映えるアンコール・ワットは、まるでそれらを天上から見下ろしているような雰囲気に浸ることができます。

ギャラリーEはアンコール・ワットより時代が新しいアンコール・トム（バイヨン）をテーマに構成されています。アンコール・トムは、バイヨン寺院をはじめ王宮跡など数多くの建物、遺跡が所在する広大な地域に展開する遺跡群です。アンコール・ワットの様式とアンコール・トムの時期の彫刻の違いは予備知識がないと無理かもしれませんが、仏像の頭部、冠の部分に注目してみると、その違いが見えてくるかもしれません。

ギャラリーFは石の話「Story from Stone」がテーマです。ここには古代以来のクメール文字などが刻まれた石碑、石柱が集められています。ここも石碑に刻まれた銘文についての解説はありませんでした。

ギャラリーGは、古代の衣装「Ancient Costume」がテーマです。アプサラ・ファッションとサブタイトルがつけられています。壁紙には色鮮やかな花柄があしらわれています。タイトルからファッションの世界の展示であることを想像できますが、実際の衣装が展示されているわけではありません。ただ石像の展示があるのみで、その着衣から想像を膨らませるしかありません。詳しく観察すると、石造物に見られる衣装は時代によって変化することがわかります。この展示を見るまでは、石仏の衣装は大抵同じだと考えていたことが大きな間違いであったことに気づかされます。

展示はここで終わりですが、続いてミュージアム・ショップがあります。展示している石像彫刻などのレプリカやポスト・カード、カタログ類があります。このほか直接カンボジアとは関係がないヨーロッパの世界遺産クラフト細工の材料キットもあります。スカーフやアクセサリー、ネクタイなどのミュージアム・グッズが販売されています。展示室と同じぐらい広いショップです。

この博物館を最初に訪問したのは開館から一ヶ月も経過していない時でした。展示品が置かれていないケースや放置したままの展示台、通路に放置されたままの彫像……そんな状態でした。しかし二〇〇八年十一月に訪問した際には、完璧に仕上げられた展示となっていました。

アンコール・ワットやアンコール・トムの遺跡は、その場所に立つことで感激しますが、その遺跡から出土した品々を現地で見ることはできません。しかしこの博物館の開館によってアンコール遺跡群の文化的遺品をまとめて見ることができるのです。この博物館の訪問を加えることで、世界遺産アンコール遺跡群の理解がより深まることでしょう。

❖APSARA文化財研究所保管施設

アンコール遺跡文化財保護機構（APSARA）はシェムリアップ市街地に事務所を構えています。この施設はカンボジア政府の機関で、アンコール地域に特化した研究、調査、修復の実施を担っています。

二〇〇七年十一月にAPSARAの研究員の方の案内でこの保管施設を訪問することができました。ここで博物館に搬入される予定の石造彫刻類を見ることができました。ここにはアンコール地域の遺跡から発見されたさまざまなものが収蔵されています。また管理者が不在となった寺院などから保護のために持ち込まれたものなどがあります。遺跡から不用意に持ち出されたものや、不法に外国に持ち出されようとしたものなど、危機一髪のところで回収された文化財がうずたかく積まれていました。

ここでは文化財の保管だけではなく、写真撮影などの記録や分析・研究もおこなわれているとのことでしたが、訪問した際には新設された博物館の展示品の運び出しに所員が忙しく動いており、ゆったりと研究しているような余裕はないように見えました。

圧巻だったのはアンコール・トム、バイヨン寺院にあったという仏像の頭部が集められていた棚でした。バイヨン寺院にこれほど多くの仏像があったのかと驚くほどの量です。いずれも砂岩製のようで、胴部と切り離されたものばかりです。自然に崩落したものではなく、故意に破壊されたことが断面から明らかなものばかりとのことでした。

バイヨン寺院は仏像の顔面が塔の上部四方向に見られることでも知られていますが、この地域でもっとも仏教的色彩の強いところでもあり、日本の仏像とも似ています。高さが五〇センチを超える頭部が横一列に並べられているのは、なんとも不思議な光景でした。

この施設内には仏像を安置する祠堂があります。クメール様式で赤く塗られた、小さいながらも立派な建物です。ここに石像仏が安置され供養されています。この石仏について、職員の方から次のような話を聞きました。この仏像はどの方向から見てもいずれの方向も見ているような不思議な目線を持つ仏像であるということです。確かに、

仏像の頭部が集められた棚

施設内にある祠堂

角度を変えて仏像を拝しましたが、必ず目があうのです。なぜなのかと尋ねましたが、わからないという答えでした。

倉庫の建物内に仏像を祀るための設備が備えられており、線香や果物などが供えられていましたが、これも敬虔な仏教徒のお国柄の反映でしょう。ちなみに、線香は火災の危険があると思うのですが、ここには石像物ばかりでなので、火災の心配は要らないのかもしれません。

祠堂内の石仏

建物の外側の軒下には、寺院の建物屋根側面外壁に用いられていた透し文様装飾の彫刻をはじめ多数の大小の木製、金属製仏像が集められています。

研究所域内には三棟の倉庫があり、そのほかに雨を防ぐ屋根だけという簡易な保管施設もありました。そこには博物館に近々搬入されるという巨大な石像彫刻が置かれていました。後日、博物館で再会することができました。

建物内部にはクメール陶器もいくつか見られました。高さが五〇センチを超える大形の壺で、表面には独特の文様が施されており、全体に釉薬が施されていました。この壺は、二〇〇八年秋には博物館の展示室の一画を飾っていました。展示物は研究所で見た印象とは異なり、堂々としており、大幅にスケール・アップされたような迫力を感じました。

❖バイヨンセンター Bayon Center

アンコール遺跡を紹介するガイダンス施設です。二〇〇九年にオープンしました。この施設はユネスコ文化遺産保存日本信託基金、日本政府アンコール遺跡救済チームによって運営されています。中心となっているのは早稲田大学理工学術院総合研究所、アンコールプロジェクト研究室のスタッフです。アンコール地域では、日本、フランス、ドイツ、インド、中国など世界各地の調査団や文化財修復チームが協力して国際的協力による文化財保護に取り組んでいます。そうした各国の取り組みと現在までの成果を簡単に紹介し、遺跡見学の一助にしようとして設立されました。

施設は木造二階建てです。一階ではバイヨン遺跡の調査で得られた内容など簡単にガイダンスを行う場

ガイダンスコーナー

石仏のレプリカ

陶磁器の展示

所で、中央の柱部分にバイヨン寺院の仏像をイメージした写真が貼られています。その一角にスクリーンを設備しており映像を使用してわかりやすく説明されるようになっています。二階には各国の調査隊の調査や修復の成果が写真パネルなどを用いて紹介しています。また遺跡から発掘調査で出土した地元産の陶磁器や中国から輸入された陶磁器などの展示も見ることができます。

ここである程度の予備知識を得て、アンコール遺跡群の見学をされると、より理解が進み、思い出深い旅行になるでしょう。

❖戦争博物館 War Museum

シェムリアップの市街地のはずれにある博物館です。空港から市内へ向かう途中に戦争博物館の案内板があるのですが、よく注意していないと見過ごしてしまうほど簡単なものです。

空になった爆弾で作られた門柱があるので、ここが戦争博物館だとわかります。建物の前には、大型の戦闘用ヘリと戦闘機が置かれていますが、撃墜されてわずかに外形を残すだけのものや、激しい銃撃を受けた痕跡が残る残骸のようなものです。また、インドシナ紛争、カンボジア内戦で使用された戦車や長距離砲などが野外に放置されているような状態で展示されています。簡単な英文の解説が付けられています。

戦争博物館入口

カンボジア内戦で使用された戦車

ところどころに、かろうじて雨風がしのげる程度の屋根の粗末な小屋があります。これが展示室です。かつてポルポト軍などが用いていた地雷、手榴弾、大小の銃火器類が雑然と置かれています。また現在のカンボジア国旗は中央が赤く、両側が青い地で、アンコール・ワットが描かれたデザインですが、全体の赤い地にアンコール・ワットをデザインしたポルポト軍の旗も壁面に掛けられています。錆びついた展示品も多く、保存状態はとても良好とはいえません。

元兵士がボランティア・ガイドとして我々に付き添って説明してくれましたが、彼は軍隊時代のことは何も語らず、銃弾の装填から引き金を引くまでをそれは懇切丁寧に、片言の日本語で教えてくれました。

❖プリア・ノロドム・シアヌーク・アンコール博物館（イオン博物館）

Preah Norodom Sihanoul Angkor Museum

シェムリアップ市街地の北東部に位置しています。二〇〇一年に上智大学アンコール遺跡国際調査団が、バンテアイ・クディ遺跡から発掘した二七四体の仏像を収蔵・保管・展示するための施設として、日本のイオングループの協力によって建設された博物館です。二〇〇七年に開館しました。

建物はクメール様式に設計されており、外観は茶色に塗られています。二階建てで、広い敷地内には入口側に少し離れて仏坐像が安置され、方形のお堂が建てられています。

入口から入りチケット売場などの事務室を通過すると四角い蓮池があり

シアヌーク・アンコール博物館

バンテアイ・クディ遺跡出土の石仏

近年発掘調査した遺跡の紹介コーナー

ます。右手に順路を進むと、近年調査された遺跡の遺構部分を固めて剥ぎ取ってきたジオラマが置かれています。遺跡の土器が出土した状態をそのまま見ることができます。考古学の調査では作業を原寸あるいは縮尺した状態で方眼紙に記録していきます。ここでは、その重要な作業である「割り付け」がジオラマで再現されています。ここで再現されているのは、出土遺構に実測用の基準の水糸を張った状態のものです。

このフロアには外壁はありますが、内側はオープンとなっています。茶色のタイルの床に展示ケースが置かれ、人骨、青銅器、青銅製装飾品、玉類などの出土遺物が並べられています。

中央および左手のスペースにはバンテアイ・クディから出土した石仏が時代、様式ごとに集められて展示台上に置かれています。調査の様子もパネル写真で展示されています。出土状態から見ると、地面に大きな穴を掘って一度に廃棄されたと考えられる石製の仏像群です。首から上の部分が削り取られたものも含まれています。おそらく仏教以外の宗教が信仰されたことによっての廃仏行為があったと考えられています。

このほかシェムリアップ郊外で発見され、バンテアイ・クデイ遺跡の調査を行った上智大学アンコール遺跡国際調査団が発掘調査したタニ窯の調査成果も併せて紹介展示されています。この窯跡から出土したクメール陶器は二階廊下の奥のガラスケースに展示されています。また、二階のテラスには、バンテアイ・クディ出土の石仏が並べられています。

❖キリング・フィールド（シェムリアップ）The Kiling Fielde Siem Reap

ポルポト政権の迫害によって多くの知識人や一般市民が犠牲になりましたが、その時代に収容所として使用された場所です。粛清という名で殺害された人々はここに運ばれ埋められたといいます。

プノンペン郊外のキリング・フィールドが最も広大でよく知られていますが、それと同種の場所がシェムリアップにもあります。ここでは一九七五～一九七九年の四年間に数千人もの人命が奪われました。

プノンペンのトゥル・スレン収容所（現在のトゥル・スレン博物館）と同じく、かつての学校の校舎が収容所として使われました。現在はプノンペン郊外のものと似たやや小型の塔が設置されており、その内部に頭蓋骨が集められています。その横には犠牲者の写真が掲示された簡単な看板があります。また、方形の小規模な建物には仏坐像が安置され、黄金色に塗られたナーガ像が建

キリング・フィールド（シェムリアップ）

てられています。
ポルポト政権崩壊後、ここから多くの人骨が発掘され、一九九七年に犠牲者の追悼のため寺院が建立されました。収容所の建物は現在では、寺院の僧院として使用されています。

❖ワニ園 Crocodile Farm

シェムリアップ中心部のオールド・マーケットからトンレサップ湖へ向かう道の途中にワニ園があります。かつてアンコール・ワットなどの濠には城を守るために数百匹のワニが放たれていたと伝えられていますが、この話の真偽はともかく、カンボジアとワニとのかかわりは長い歴史を持っています。

このワニ園（クロコダイル・ファーム）はポルポト政権の時代、皮革製品の原料としてワニの皮をとるための飼育場として設置されました。その後、政府の管理下に置かれ、一九九九年には民間企業の運営に代わっています。ワニの養殖はビジネスとして成り立っていたようです。

約一ヘクタールの広さのこのワニ園には、子供のワニの飼育水槽や大きく育ったワニの飼育場となる大小のプールがあります。なかには、七〇～八〇年生きている高齢のワニもいます。

ここで飼育されているワニは、もともとトンレサップ湖に原生していた種

ワニ園の入口

ワニの飼育水槽

類が主でしたが、現在では南米産のワニも飼育されています。その理由は南米産のワニ皮のほうが高価で取引されるからだそうです。このほかシンガポール、オーストラリアのワニなど、合計一〇一一頭ものワニが飼育されています。

ただ、近年ではワシントン条約などによって、多くの希少動物の取引（毛皮などを含む）が禁止されているため、ここの経営もかつてのような勢いはなくなっているようです。

園内のショップでは、ワニ皮の財布やベルト、バッグなどが販売されています。

なお雨季の増水時には、このあたりも水で溢れることもあるようで、飼育されているワニが逃げ出したこともあったそうです。

❖カンボジア・カルチャー・ヴィレッジ（東埔寨民俗文化村）
Cambodia Culture Village

シェムリアップ市街地と空港のほぼ中間にあるカンボジアの民俗文化のテーマ・パークです。

広い敷地内には、シルバー・パゴダを含む王宮建物群、アンコール・ワット、バイヨン寺院などのカンボジアの文化遺産を精巧なミニチュア模型で製作し展示しています。入口側の建物では、クメール陶器や民具などの展示コーナーや、原始時代から現代までのカンボジアの歴史を蝋人形を使って再現したジオラマもあります。

博物館という分類でこの施設を理解するには、少々娯楽的要素が強すぎ

カンボジア・カルチャー・ヴィレッジ

るように思いますが、考古遺物などの展示施設もありますし、カンボジアの民家を移築し、鍬、鋤、竹かごのような農具・民具、杵と臼などの加工処理の道具、碗、鉢などの日常用具、織機や糸つむぎの道具なども集められています。この施設は野外の民家集落あるいは民俗資料展示施設として十分見応えがあります。

また、カンボジアの民俗を理解することができる民族芸能や結婚式などの儀礼・儀式などを園内の施設で上演しています。博物館的施設として、またテーマ・パークとして訪問者を飽きさせないさまざまな試みを行っているようでした。園内中央部の人工池ではボートを楽しむ家族連れの姿も見られます。

プノンペン王宮のミニチュア模型

❖祈福館（仏教博物館）Buddha Museum

シェムリアップ市街地と空港を結ぶ道路沿いに韓国に本拠を置く仏教系団体が設立した博物館があります。玄関にはアンコール・ワットの模型が置かれていますが、似て非なるものでお世辞にも出来が良いといえるものではありません。

展示室には仏教聖物展と表示されています。ここには仏像彫刻や仏像の額、仏頭が集められ、関連する写真が並べられていますが、特に系統的に収集されたものではないようです。展示台にクメール陶器の壺が置かれて

祈福館（仏教博物館）

展示室

います。褐色の釉薬が施されたクメール陶器独特の色あいのものですが、出所は不明です。

このほか、韓国で高僧として崇敬されている僧侶の写真や紹介がありますが、現代の韓国仏教界について知識がほとんどない者には展示の意味がよくわかりませんでした。

ミュージアム・ショップはありませんが、線香やお香の販売は行われていました。入館料は無料でしたが、ガイドブックやパンフなどは全く用意されていません。

❖ワット・アトヴィア　Wat Athvea

シェムリアップの市街地の西、トンレサップ湖と市街地の中間にある寺院です。二世紀前半にスールヤヴァルマン二世によって創建されたヒンズー教寺院です。地理的に見て、トンレサップ湖北岸に船で着いたアンコール・ワット参詣者たちは、最初にこの寺院を訪れたと考えられています。

独特な茶色の石材ラテライトで作られた周壁がめぐっています。周壁内には中央祠堂と四棟の経堂の建物があります。建物は主軸を中心に左右対称に配置されており、西門から十字形の中央祠堂まで廊下でつなが

ワット・アトヴィア中央祠堂

修復中の経堂

現代風の新しい寺院

っています。

中央祠堂や回廊などの建物は修復工事が終わりかつての姿を見せていますが、経堂の一部は未だに修復の手は及んでいません。そのためこれ以上の崩落を防ぐため木枠で周囲を囲む応急処置を施しています。崩落したまま放置されているものもあります。かつてアンコール・ワット地域の修復にあたっていたカンボジアの保存技術者たちは、戦禍を避けてこの地で修復技術を発揮したとされています。

寺院の北側には新しい寺院が建てられており、そこで修行する僧侶の姿が見えます。

アンコール遺跡群

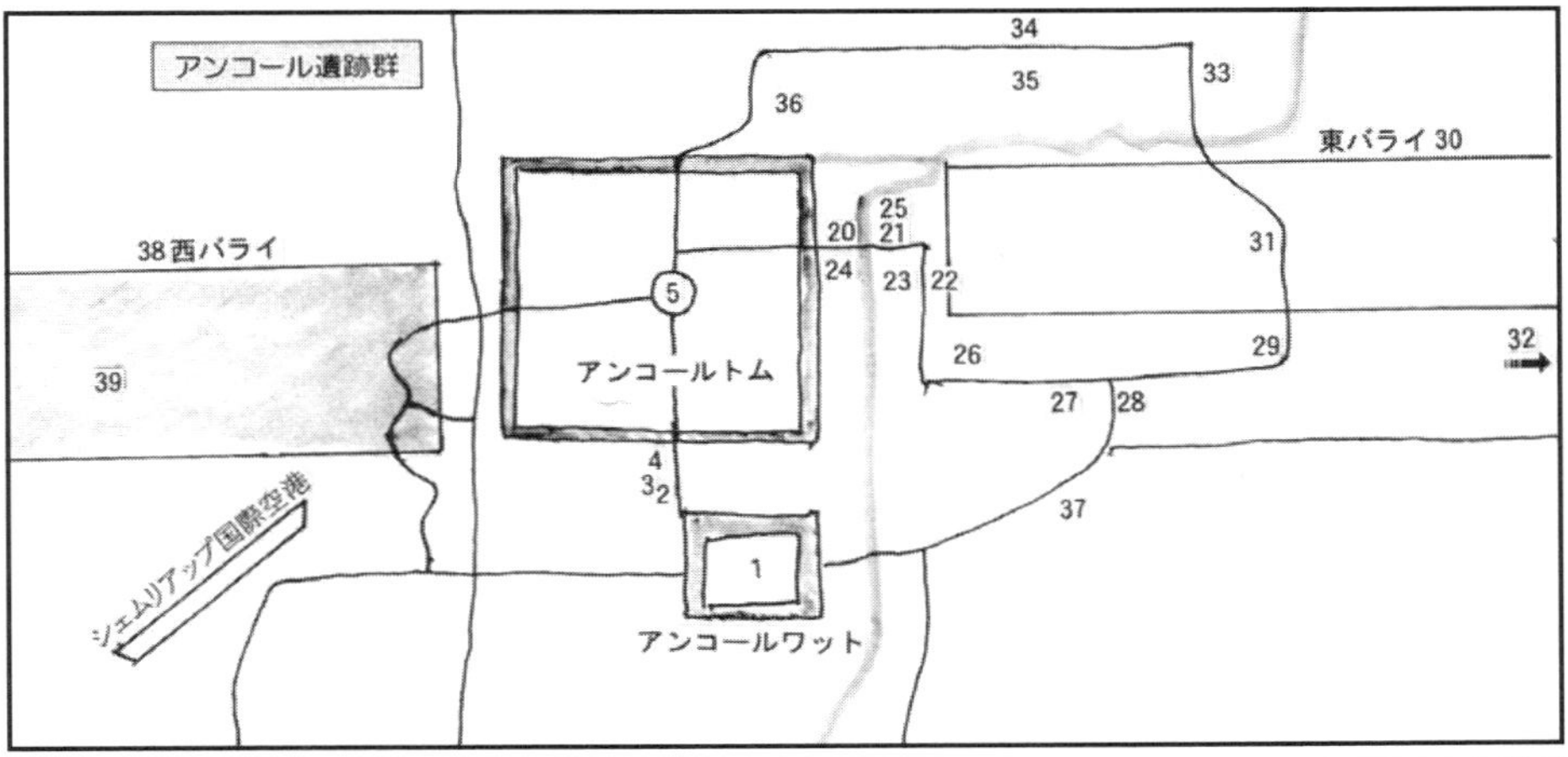

バイヨン寺院の仏頭

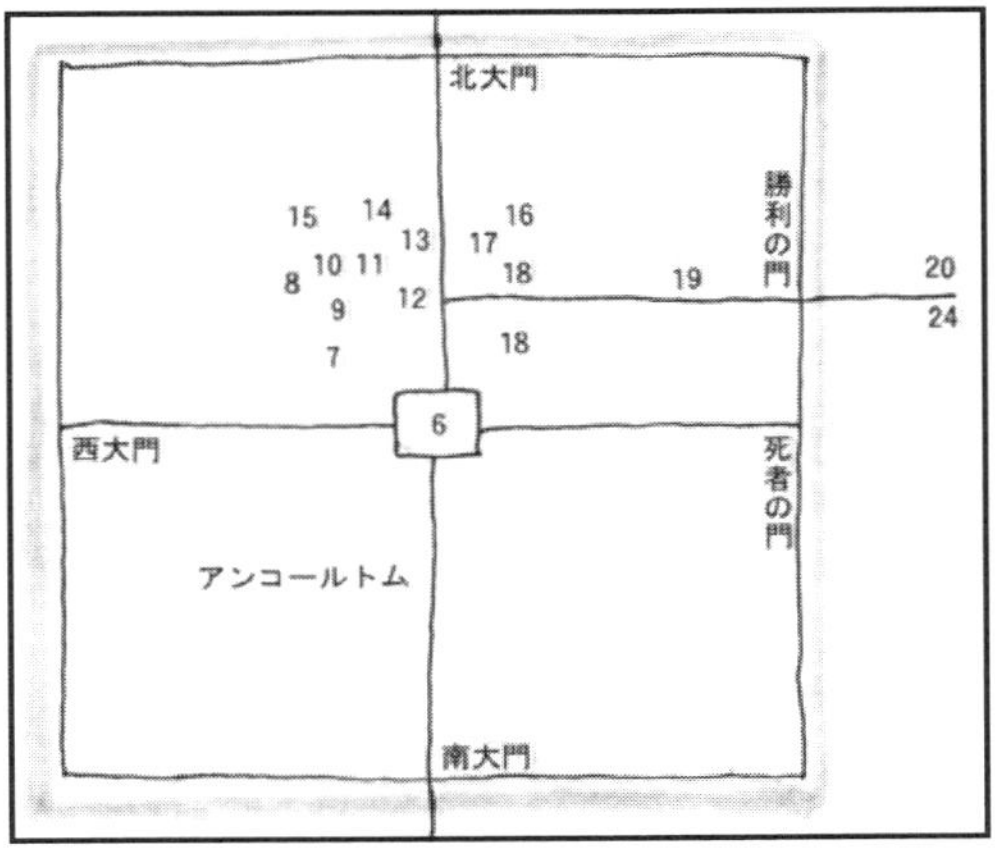

■アンコールトム拡大図

※番号の詳細は次頁一覧表参照

【世界遺産】アンコール遺跡群　Angkor Sites

世界遺産抜きにはカンボジアは語れないほど、歴史的にも社会・経済的にも重要な位置を占めています。博物館として展示施設が十分整備されたものは多くありませんが、遺産そのものが野外展示されている文化財という見地に立てば、野外博物館、遺跡博物館としての価値を有するものといえます。

本書ではこれらも、文化財（遺産）の公開、展示を行う「博物館」という範疇に加えてよいと考えました。

以下、簡単にアンコール遺跡群の代表的なものを紹介しましょう。

1 アンコール・ワット	21 スピアン・トマ
2 タ・プロム・ケル	22 タ・ケウ
3 プノン・バケン	23 プラサット・レアック・ネアン(施療院祠堂)
4 バクセイ・チャムクロン	24 チャウ・サイ・テヴォダ
5 アンコール・トム	25 タ・ネイ
6 バイヨン寺院	26 タ・プローム
7 パプーオン	27 バンテアイ・クデイ
8 王宮	28 スラ・スラン
9 ピミアナカス	29 プレ・ループ
10 女池(大池)	30 東バライ
11 男池(小池)	31 東メボン
12 象のテラス	32 バンテアイ・サムレ
13 ライ王のテラス	33 タ・ソム
14 テップ・プラナム	34 クロル・コー
15 プリア・パリライ	35 ニャック・ポアン
16 プリア・ピトゥ	36 プリア・カン
17 プラサット・スゥル・プラット	37 プラサット・クラヴァン
18 クリアン	38 西バライ
19 ヴィヘア・プランピル・ロヴェン	39 西メボン
20 トマノン	

❖アンコール・ワット Angkor Wat

シェムリアップ市街地から北に車で二〇〜三〇分走ると、世界遺産アンコール・ワットに到着します。周囲を濠に囲まれた長方形で、濠にそって回廊が全周しています。東西に参道があり、通常は切石が敷き詰められた西参道から入ります。

参道に沿って、経典を納めたとされる経蔵の石造りの建物があります。すでに修理が終わっています。観光客は目前の中心伽藍の建物に目が行っており、ここに立ち寄る人はほとんどいません。参道を行くと、長方形の聖池が両側にあります。池には熱帯性の水蓮が美しい花をつけています。池の前で馬が一頭草を食んでいました。

さらに進むと西塔門テラスに至ります。獅子像が飾られた階段を上ると第一回廊の西塔門に着きます。回廊は中央伽藍を取り囲んでいます。この第一回廊に沿って歩いてみましょう。

壁面にはインド古代叙事詩やクメール時代のスールヤヴァルマン二世の行軍、天国と地獄などの情景を描いたレリーフが続きます。これはかなり壮大なもので、レリーフのギャラリー博物館といってもいいでしょう。

回廊を右に廻ると、インド古代叙事詩「マハーバーラタ」にテーマを求めるレリーフが展開します。角を曲がって南壁面に入ると、スールヤヴァルマン二世軍隊の行進のレリーフがあります。隊列を組んで行進する兵隊の様子は威風堂々としています。これに続いて天国と地

アンコール・ワット正面

経典を納めた経蔵

参道脇の聖池

軍隊行進のレリーフ

十字回廊の沐浴場跡

獄のレリーフです。東側壁面には、乳海攪拌とヴィシュヌ神と阿修羅の戦い、さらに北側壁面にはクリシュナと阿修羅の戦い、アムリタをめぐる神々と阿修羅の戦いのレリーフを見ることができます。どれも大変な迫力で、壁面レリーフを見るだけでも相当な時間がかかります。また天井には、日本の瓦でもお馴染みの蓮華の花をデザインした文様を見ることができます。

第一回廊を一周して、次に十字回廊と呼ばれている部分にのぼります。そこには十字系の回廊で囲まれた四か所の沐浴場の跡があります。中央部分の柱には江戸時代前半にこの地を訪れた日本人「森本右近大夫」の次のような墨書が残されています。

寛永九年正月ニ初而此処来ル生国日本
肥州之住人藤原朝臣森本右近大夫
一房御堂ヲ志シ数千里之海上ヲ渡リ一念
之胸ヲ念ジ重々世々娑婆世之思ヲ清ル□
為ココニ仏ヲ四行立奉物也
摂州津西池田住人森本義太夫………
（四行略）
老母之魂明生大師為後生……
茲ニ書物也
寛永九年正月三〇日

十字回廊の天井

文の意味は、肥州（現在の熊本県）の住人藤原朝臣森本右近大夫一房が父森本義太夫の菩提をとむらい老母の後生を祈らんがために、はるばる数千里の海上を渡り、寛永九年（一六三二）正月三〇日にこの寺院に到着し、仏像四体を奉納した、というものです。

森本右近大夫一房の父森本義太夫は、加藤清正に仕えた武将で、朝鮮の役にも従軍しています。その後肥前松浦家に仕えたこともあるとされています。ちなみに右近大夫がアンコール・ワットに到着した前年の寛永八年に加藤家は断絶しています。今川幸雄氏は、松浦静山『甲子夜話』による記述から森本右近大夫はこのアンコール・ワットを祇園精舎の大伽藍と考えていたようだと、指摘されています。

長い年月風雨にさらされていたことによって、この墨書はほとんど肉眼では見えなくなっていますが、近年行われた赤外線写真を用いた調査によってその全容が明らかになりました。一七世紀に日本人がアンコール・ワットを訪れ、その足跡を残しているのには驚きましたが、それが落書きで確認されたというのは複雑な心境になります。

この十字回廊の天井部分には、かつて彩色されていたことを示す顔料の痕跡が残されています。見事な天井を眺める際は、周囲の人にぶつからないよう、またスリの被害にあわないようにご注意を。

十字回廊から前方に進むと第二回廊があります。ここにもレリーフがありますが、第一回廊ほどの迫力はありません。さらに進むと左右に同じような建物が配置されています。左右共に経蔵です。この先にひときわ高くそびえる建物が第三回廊と、その中央にそびえる中央祀堂です。

東西南北に階段が設けられていますが、修復工事のため登れない場合があります。以前訪れた際この階段を上りましたが、二度と味わいたくほどスリル満点でした。ただ地元の子供たちにはこの塔が恰好の遊び場のようで、サルが木の枝を飛び渡るかのように飛び回っていました。

やっとのことで登った中央祀堂からの眺めは素晴らしいものでした。上部に設けられた塔や仏像、随所にみられるレリーフはよく残されており、十分時間を採って観賞することができました。とりわけアプサ

ダンサーのレリーフ（中央祀堂）

中央祀堂

中央祀堂からの眺望

ラ・ダンスのダンサーのレリーフは魅力的でした。

さて上っては見たもののどのように降りるかが心配になりましたが、下りは祀堂の一方に安全な階段があり安心して降りることができました。

❖タ・プロム・ケル　Ta Prohm Kel

アンコール・ワットの正面に向かって左手の濠外、正面からは四五〇メートル北にある遺跡です。ここはジャヤヴァルマン七世が、その支配地域内に建設した一〇二か所の施療院（病院）の一つです。施療院の構成はほぼ同じで、周壁、門、祠堂、さらに沐浴用の池です。

周囲にラテライトで囲んだ周壁がめぐらされ、門の痕跡も見られますが、いずれも基礎のみが残っている状況です。中央に砂岩の祠堂が建設されています。東側に環濠、側壁には窓があり、壁面に仏像が彫刻されています。

この祠堂は大きく崩落しており、これ以上の崩落を防ぐため仮設の木組みの支えが建てられています。

さらに祠堂の周囲には建築用材とみられる砂岩が散乱しており、なかには仏像が彫刻されているものもあります。

タ・プロム・ケル

仏像が彫刻されている建築資材

❖プノン・バケン　Phnom Bakheng

アンコール・ワットからアンコール・トムの南門に向かうほぼ中間地点の左手に小さな丘が目に入ります。この丘がプノン・バケンの丘で、その頂上部分に建設された寺院がプノン・バケンです。

九世紀末にロリュオスに都を築いたインドラヴァルマン王の息子のヤショーヴァルマン一世がアンコール地域に最初に築いた都城がヤショーダラプラでした。その都城はプノン・バケンを中心として四キロ四方に及ぶ広大なもので、周囲は土塁と環濠で囲まれていました。この時期に現在は東バライと呼ばれている灌漑用の池が造られています。

その後、短期間コー・ケーに都が移されましたが、一〇世紀半ば頃には再びこの地にラージェンドラヴァルマン二世によって第二次ヤショーダラプラ都城が構築され、荒廃しつつあった都城が再び活況を呈す

プノン・バケン

上部が崩落した中央祠堂

山上への階段の痕跡

るようになります。一二世紀後半にはジャヤバルマン七世が、ヤショーダラブラ都城の北側に新しい都アンコール・トムを建設します。アンコール・トム南半分とこのヤショーダラブラ都城は重複しており、現在の水田にかつての壕の名残りを見ることができます。

プノン・バケンは、自然の丘に大規模な土木工事を行って、山頂に寺院を構築し参道を造りました。参道は砂利を敷いた地道で急坂が続きます。高さ六五メートルの丘にピラミッド型の六層の基壇を積み上げ、その上部に五つの祠堂を建設しました。最も大きい中央祠堂は上部が崩落しています。東西南北に急な階段がありますが、その両端に小さな祠堂が建てられています。かつては山上の寺院とふもとを結ぶラテライトの階段が東西南北にあったといわれていますが、現在では大半が失われており、わずかに北側参道に一部その痕跡が残されているようです。

東側基壇部に至る左右には経蔵建物が、西側には一〇棟の煉瓦造りの建物が付属しています。このことから、かつては各方向にこのような付属建物があったことをうかがわせています。

山上寺院はバケン様式と呼ばれており、このプノン・バケンのほかにはプノン・クロム、クノム・ポックがあります。いずれも九～一〇世紀にヤショーヴァルマン一世によって創建された寺院です。

丘の上からの眺望は素晴らしく、アンコール遺跡群が一望できます。ここに来るまでの苦労が吹っ飛びます。夕日を鑑賞する観光スポットとして観光客で賑わっています。

❖バクセイ・チャムクロン　Baksei Chamkrong

アンコール・トムの南門のすぐ南にある小型のピラミッド型寺院です。プノン・バケンへの坂道の途中からこの中央祠堂の上半部分が見えます。

四層のラテライトで構築された重層式の基壇は高さ一三メートルあり、その上部に煉瓦で作られた祠堂が一棟建てられています。基壇には東西南北方向にラテライトの急な階段が付けられています。祠堂の外壁面にはデヴァーダのレリーフが見られます。

この寺院はバケン、コー・ケー様式の建築で、一〇世紀初めにハルシャヴァルマン一世は、この寺院を両親に奉納するために建造し、シヴァ神を祀りました。その後、首都がコー・ケーに遷都されます。やがてラージェンドラヴァルマン二世が王位に就き、再びアンコールに遷都、王はこの寺を再建し、九四八年二月二三日に神を奉納しました。かつては煉瓦造りの周壁で囲まれ、東側には石の塔門があったとされています。

バクセイ・チャムクロン

寺院の名称のバクセイ・チャムクロンとは「翼に守られた小鳥」という意味もあるそうですが、この呼び名は近年になってからつけられたものだそうです。

❖アンコール・トム Angkor Thom

アンコール・トムとは、大きな町という意味だそうです。赤茶っぽいラテライトという岩を直方体に切ってレンガ状に加工された石材を何層にも積み上げて高い塀を造っています。この塀は一辺が三キロ、(正確には北側部分三・〇九六キロ、南側三・〇七キロ、東側三・〇三二キロ、西側三・三六キロ)、高さ約七・五メートル、周囲は約一二キロもあります。また塀の外周には幅約一〇〇メートルの環濠がめぐ

アンコール・トム南大門

勝利の門

らされています。

内部には主要道路が十字に走り、塀にそって五つの門（東、西、南、北の各門と勝利の門）が設けられています。東門は「死者の門」とも呼ばれており、いずれの門も城壁の塀に囲まれています。門には木製の扉がつけられ、夜間には閉じられていたとされています。これは外敵の侵入を防ぐためであり、一一七七年のチャンパの占領という苦い経験によるものだと考えられています。

門の構造はほとんど同じで、門の上部には尖塔が設けられ四面仏が配置されています。この仏像はバイヨンと同じく観世音菩薩の顔面が表現されています。門の入口左右には、象が鼻を蓮のつぼみに伸ばしているモチーフがみられます。塀はラテライトで構築されているのですが、門とその左右の部分は砂岩で造られています。

アンコール・ワット方面からは南門から入ります。門の手前に壕にかかる橋がありますが、この橋の下には濠はありませんので陸橋です。橋の欄干に注目してみましょう。西側の欄干には神々、東側には阿修羅がナーガの胴を綱引きのように引き合っている姿が並んでいます。この造形モチーフはアンコール・ワットの第一回廊に描かれている「乳界攪拌」のレリーフを立体的に表現したものであると考えられています。門の上部には四方向にバイヨンと同じ大きな仏像の顔がみられます。

アンコール・トムの域内には、中心部にバイヨン寺院があり、その北側にバプーオン、象のテラス、ライ王のテラス、王宮などの遺跡があります。

それではアンコール・トムの南門から中に入って見学していきましょう。

❖バイヨン寺院 Bayon

南門から入りまっすぐ行くとバイヨン寺院に突き当たります。

バイヨン寺院は、アンコール・トムのほぼ中央に位置しています。この寺院は、ジャヤヴァルマン七世からインドラヴァルマン二世、さらにジャヤヴァルマン八世の時代、一二世紀後半から一三世紀にかけて建設されたものとされ、以降も改修と増築が繰り返されてきたと考えられています。当初は仏教寺院として創建され、のちにヒンズー教寺院となっています。中央にあることから見ても特別な寺院であることがわかります。

この寺院の伽藍配置はほぼ左右対称形で、二重の回廊と中心に位置する中央祠堂から構成されています。四面に人面あるいは仏顔（観世音菩

バイヨン寺院

四面に彫られている仏顔

薩と考えられている）が見られる塔がある特徴的な建築様式、バイヨン様式と呼ばれるスタイルをとっています。ちなみに、タ・プローム、プレア・カン、バンテアイ・チュマール、タ・ソムなどのジャヤヴァルマン七世の創建にかかる寺院の多くはこのスタイルをとっています。

東側入口には広いテラスが設置されており、その両脇には長方形の聖池（蓮池）があります。東門を中心にして第一回廊が周囲を巡っています。左手に進路をとると、壁面のレリーフが楽しめます。

第一回廊の見学を終えて急な石段を上っていくと、第二回廊に出ます。この回廊の上部には中央祠堂を巡って一六基の塔が配置されたテラスがあります。ここでも下の回廊と同様に壁面のレリーフを見ることができます。さらに石段を上りつめると中央祠堂のある広い平坦な部分に出ます。ここまでくると、周囲にはいくつもの尖塔が見えます。その尖塔の四面には仏顔が彫刻されています。尖塔の仏像は下からも見上げるよりもここから見るのがもっとも迫力があります。

第一回廊のレリーフを少し詳しく見ることにしましょう。

東西約一六〇メートル、南北約一四〇メートル、全長六〇〇メートルにも及ぶ壁面にぎっしりとレリーフが刻まれています。東側正面から南東の角に至る壁面にはチャンバとの戦いに向かうクメール軍の兵士の隊列が見られます。槍を持つ者や盾を持つ者が描かれていますが、簡素な上着をつけた者もいれば褌ひとつに裸足という姿も見えます。カンボジアの田舎では現在も裸足で生活しているのをたまに見かけますが、たいていは子供たちです。この時代には履物を履く習慣はなかったのでしょうか。

回廊壁面にはレリーフがぎっしり

クメール軍の行進

盤を挟んでチェスに興じる

闘　犬

鍋で煮炊きしている風景

兵士に混じって家族も同行したのでしょうか、頭上に荷物を置いて運ぶ女性や子供を肩車した男性、牛にひかせた荷車で荷物を運ぶ様子も見られます。彼らはどう見ても兵士とは見えませんが……。荷車の下では酒盛りをする不心得な人物の姿も見えます。

その後ろには多数の兵士とともに象の姿があります。象の背には立派な鞍を置いた指揮官らしき人物が乗り日傘が差し掛けられています。象の前には象を操る人物、その周りには槍を掲げた兵士がいます。指揮官の服装もかなり軽装で裸体に近いことがわかります。

壁面のレリーフのほかに廊下の隅にもレリーフが見られます。兵士と戦闘場面のモチーフはかなり浅い彫刻のようです。はっきりと見える彫刻にアプサラ・ダンスを踊る女性の姿があります。

再び壁面のレリーフに戻りましょう。ジャングルの木々、ヤシの木の林、その上でじゃれあうサルなど当時の一般的な暮らしぶりを題材にしたものがたくさんあります。

鍋で何かを煮炊きしている風景や酒を飲んでいる人々など調理に関してのレリーフは当時の食生活を表現したものです。なかに小型のコンロのようなものを描いたものがあります。現在でもカンボジアの田舎ではインフラが整備されていないこともあって、このレリーフと同じような土器が使われています。土器づくりの村でも作り続けられているもので、現在最も売れる器種だそうです。

日常生活のモチーフでは狩猟の様子がみられます。猿や鹿を弓矢でねらいをつけている場面、ヤシの実を木に登ってとっている場面等があります。遊戯では、将棋のようなもの、闘犬、闘鶏も行われていたことがわかります。また出産の場面も表現されており、詳細に見ていくと当時の日常生活の衣食住が明らかになると思います、

バイヨン寺院を訪問した際にはぜひゆっくりと時間をとって、これらの壁画のレリーフを鑑賞することをお勧めします。きっと何かの発見があると思いますよ。

❖バプーオン　Baphuon

バプーオンはウダヤーディヤヴァルマン二世によって建てられたヒンズー教の寺院です。バイヨン北門から出るとすぐバプーオンの前に続く道である「空中参道」が見えてきます。近年までこの周辺には物売りの店が軒を連ねていたのですが、関係機関によって取り除かれ、すっきりとした木陰の広場が広がっています。外側の周壁は東西四二五メートル、南北一二五メートルあります。王宮前広場に面して位置する

東塔門から連続する空中参道は高さ約二メートルの石の円柱で支えられた石畳みの道で、一七二メートル続いています。

この参道は地上と天界を結ぶ架け橋であるとされています。参道の中間に十字型テラスがあります。ここはかつて参道がこの先に延長される以前の先端だったところで、ここにかつての正面入口であった東塔門があったと推定されていますが、現在は礎石の痕跡が残されているのみです

また参道の南側に方形の聖池があります。かつては清浄な沐浴池であったのですが、ここも他の水溜りと同じくお世辞にも綺麗な水とはいえません。ここでは子供たちが水浴びや小魚採りの投げ網をする様子が見られます。

空中参道を歩いてバプーオンへ

沐浴池

ところで、バプーオンには「隠し子」という意味があります。名称の由来については次のような言い伝えがあります。昔、シャムの王とカンボジアの王は兄弟でした。あるときシャムの王は自分の子供をカンボジアの王に預けたいといいました。カンボジアの王も喜んで引き受けました。ところがカンボジアの廷臣たちは、これはシャムの計略で、将来、このシャムの皇子にこの国を乗っ取られてしまうと反対しました。これをうけて王はシャムの皇子を殺してしまいます。これ

に怒ったシャム王は大軍を出して戦争が始まりました。カンボジアの王妃は自分の子供が報復として殺されるのではという心配から、この寺院に子供を隠しました。このことから「隠し子」という名前がつけられたということです。

長い石橋を渡ると正面に三重の回廊に囲まれた中央祀堂があります。建築様式はバプーオン様式と呼ばれるピラミッド型の寺院です。この中央祀堂は須弥山を表現するものであると考えられています。一三世紀にこの地を訪れた中国元朝時代の周達観は『真臘風土記』に「バイヨンの北、一里ばかりで、銅塔バプーオンがある」と記述しています。一九五四年からフランスによって修復工事が行われ、美しいかつての姿に戻っています。

❖王宮 The Palace

アンコール王朝時代の王宮は、バプーオンの北側にありました。東西六〇〇メートル、南北三〇〇メートルにわたる赤茶色のラテライトの石積みの壁に囲まれていたとされています。東門が正面ですが、バプーオン見学の後、少し近道をして土手を上って南側の門から入りました。

かつては建物が林立していたのかもしれませんが、現在は木々が茂り木影が拡がる平坦地です。現在、アンコール地域に残されている建物はほとんどが石造で、一部崩落しているものがありますが、ほぼかつての面影を伝えて

王宮北側のラテライトの周壁

石舞台

います。

しかし王宮の建物は大半が木造であったことから、すべて失われてしまっています。現在ではかつての繁栄を物語るものは何も残っていませんが、建物の基礎の部分はやや高くなっており、周囲を石列が取り囲んでいるのがよくわかります。

そこでは王宮の公式行事、王族たちの宴、楽器の演奏が行われたのでしょう。アプサラ・ダンスが踊られたであろう石舞台が広い野原の中にポツンと残されています。また目を凝らして地表面を注意深く観察すると、かつて王宮建物で使われたであろう屋根瓦の破片や、日常使用された陶磁器や土器の破片が無数に落ちていることに気づきます。ただし歴史の重要な資料ですので、決して持ち帰ってはいけません。

北側には、ラテライトの周壁がよく残されています。周壁に取り付く形で南北に立派な門が構築されています。発掘調査をすれば王族の生活の一端が明らかになるでしょうが、その計画は当分なさそうです。

❖ピミアナカス　Phimeanakas

現在、王宮の中心部には十一世紀にスールヤヴァルマン一世によって建てられたピミアナカス寺院が残されています。「天上の宮殿」「空中楼閣」という意味の名称で呼ばれています。やや小型のピラミッドの形をした建物で、ラテライトの基壇を三層に積み上げたもので、最上層に祀堂があります。通常ピラミッド型寺院は四角錐形をしている

ピミアナカス寺院

のですが、平面形が長方形をしている変わった建物です。

一三世紀後半にこの地を訪れた中国人周達観は、『真臘風土記』の中で、宮中の奇所としてピミアナカスについて次のように書いています。

「その宮殿の金塔には国王が夜になるとその下に臥す。土地の人は皆、次のように言う。塔の中には九頭の蛇の聖霊がいて、これこそ一国の土地の主である。女の姿になって、毎日夜になるとあらわれる。国王はそこでこれと同寝して交わり、その間はたとえその妻であってもその中には入らない。もしこの蛇の聖霊がある夜からあらわれなければ、その時はカンボジア王の死期がきたのである。もし王が一夜でも塔に行かなければ、そのときは必ず災禍をうける」

この建物は王家代々の聖所としての特異な歴史と格を持っていました。東側扉の枠に用いられている石材は九一八年に比定される年代が刻まれています。さらにサンスクリット文字の碑文には現在のピミアナカスの前身の建物の存在が記載されています。ちなみに、この碑文のある石材はほかの建物に使用されていたものの転用であることも明らかにされています。

なお発掘調査の結果、この場所にはかつて木造の建物が建てられていたことが明らかになっていますが、一一世紀から一六世紀まで、基壇部分から上部構造まで度々増改築が加えられています。

また周囲を巡るラテライトで積み上げられた高い強固な城壁には、東門のほか南北にも門の建物が残されています。

★『真臘風土記』と作者周達観

『真臘風土記』は、中国元朝の人で草庭逸民と号した周達観の紀行文です。号から見て官職に就かなかった民間人でしょう。元朝から真臘（かつてのカンボジア地域）に派遣される使節に随行し、元貞二年

（一二九六）二月に中国温州を出発し、同年七月首都のヤショーダラブラ（現在のアンコールトム）に到着しています。翌年の大徳元年（一二九七）に帰途につき、同年八月四明（寧波）に帰着しています。カンボジア滞在中に見聞きした事柄を記録したものが、『真臘風土記』で、アンコール期のカンボジアの様子を知る重要な手掛かりとなっています。

❖女池（大池） Royal Pond

王宮内のピミアナカスにほぼ隣接するように長方形の人工池が彫られています。大きい方が女池、小さいほうが男池と呼ばれています。この呼び方については全く逆という説もあります。

女池はジャヤヴァルマン八世によって造られたとされています。東西一二五メートル、南北四五メートルで、周囲は砂岩の切石で覆い、五・三メートルのラテライトで舗装された池の底まで一三段の階段が続いています。また南側の堤防に使用されている砂岩表面などには、仏像など素晴らしいレリーフが残されています。

❖男池（小池） Royal Pond

女池の東側に隣接して作られた小さな人工池です。東西四〇メートル、南

女　池

男　池

北二〇メートル、深さ四・五メートルで、女池と同様砂岩で養生されています。二つの池とも王族の沐浴池とされていますが、男池のほうが王宮創建当初まで遡ると考えられています。なお護岸の石には表面にレリーフが施されているものがありますが、女池のレリーフほど立派なものではありません。堤防の構築石の外面には大きく波打つ凹凸が見られます。

❖象のテラス　The Terracc of The Elephants

象のテラスと呼ばれるのは、王宮前広場に面して南北に長く続くテラスの呼び名です。ライ王のテラスともに王宮、バプーオンなどと一体化したものとしてジャヤヴァルマン七世によって一二世紀後半に創建されました。その延長は三〇〇メートル以上、壁面の高さは約三メートルあります。一三世紀後半にジャヤヴァルマン八世が、さらに以降の各王が改修工事を行ったとされています。

王宮前広場に設置された長い回廊状の舞台のうち、中央部の階段とその周囲の壁面を支える柱に象の長い鼻が表現されています。王宮広場に面した壁面には象による狩猟などをテーマにしたレリーフが、さらに北側にはガルーダのレリーフが見られます。

テラスに付けられた石の階段の両脇には象の頭部をモチーフにした装飾があり、その壁面にも細かなレリーフが刻まれています。テラスの上面は平坦

象のテラス

で石畳が敷かれています。石畳の各所に柱穴がみられますが、これらはここに柱を立てて建物を建てていたことを示すものです。実際国王らが行う儀式で仮設の建物が設置されたことがあり、プノンペンの王宮の外側にある王族写真展示室でこのテラスでの王室儀式の様子を見ることができます。

テラス面は少々凹凸がありますので足元に注意が必要です。広場と面する端部には石製の欄干が設備されていますが、危険なのかロープで区画されていました。

❖ライ王のテラス　The Terracc of The Leper King

王宮前広場にジャヤヴァルマン七世によって設置されたこのテラスは、象のテラスの北側に位置しています。高さは六メートル余りで、外壁面にはデヴァーターやナーガ像がぎっしりと隙間なく刻まれています。長い回廊状の舞台のうち、もっとも奥に位置する階段とその周囲の壁面に刻まれたレリーフが特徴的です。

テラスの上には、黄色の布を袈裟のように肩からかけたライ王の石像があります。この王はらい病を病んでいたとされていますが、最近ではこのライ王像は、ヒンズー教の神を表現した石像であるともいわれています。なお下方に続く外壁面には神々のレリーフが浮き彫りされています。

外側の壁面の約二メートル内側に別の壁

ライ王の石像

ライ王のテラス

面があり、ここにも外側と同様デヴァーターやナーガのレリーフが隙間なく刻まれています。これらの構築物がいかなる用途や目的で建設されたのかは明らかになっていませんが、象のテラス、ライ王のテラスなど各レリーフの中で最も良好なものとされます。両者を見学できるようになっていますが、内部の通路は狭いのでご注意を。

❖テップ・プラナム　Tep Pranam

ライ王のテラスの北に、一〇世紀頃にイーシャーナヴァルマン二世によって建設されたヒンズー教の寺院テップ・プラナムがあります。ラテライトの参道基壇は長さ七五メートル、幅八メートルありますが、途中でなぜか途切れ十字型テラスとなります。このテラス端部の両脇に獅子（シンハ）像があります。かつてはここにシヴァ神を祀る祠があったと考えられていますが、現状はリンガを乗せた石の台が残されているのみです。

テラスの正面に木造の祠が建てられ、中に高さ約四メートルの大仏坐像が安置されています。現在も信仰の対象となっていますが、この仏像はコンクリート製で現代の製作と考えられています。

テップ・プラナム

❖プリア・パリライ　Preah Palilay

テップ・プラナムの後背部分に、一二世紀に創建されたと考えられるポスト・バイヨン様式の仏教寺院

プリア・パリライ

プリア・パリライがあります。

東側から続くナーガの欄干を持つ十字型テラス、塔門、中央祠堂を見ることができます。テラスの正面には新しく造られた高さ約三メートルの大仏座像が安置され、テラスの石段の両脇には獅子（シーハー）と番人ドヴァーラバーラの彫像があります。ドヴァーラバーラの像は首から上が失われています。

三つの入口を持つ塔門には、砂岩に刻まれた美しいレリーフが見られます。

高い塔状の中央祠堂は高い基壇の上に造られています。古ぼけた方形の煉瓦積みの煙突を思わせる中央祠堂には何本もの巨木が巻き付いており、不思議な印象を与えています。下部は砂岩、上部は煉瓦を積み上げて構築され、祠堂の周囲には一辺五〇メートルのラテライト造りの壁がめぐらされていました。

❖プリア・ピトゥ　Preah Pithu

王宮広場の東側北寄りにあるプリア・ピトゥは、スールヤヴァルマン二世からジャヤヴァルマン八世までの王たちによって一二世紀頃に創建されたポスト・バイヨン様式のヒンズー教および仏教寺院群です。他の寺院の

プリア・ピトゥ

ように伝承された名称はなく、フランスが整理のためにアルファベットを付してそのまま寺院名にしています。

王宮広場に近い南西端の寺院T西側テラスは東西四五メートル、南北四〇メートルの周壁に囲まれ、高さ約六メートルの基壇は三層で、その上に小さな祠堂が建てられています。

その東にU寺院があります。東西三五メートル、南北二八メートルの周壁に囲まれ、二重の基壇上に祠堂が建てられています。

さらに東に行くとX寺院があります。ここでは一辺四〇メートル、高さ四メートルの基壇上にU寺院に似た祠堂が建てられています。このX寺院の東にはラテライトで作られた基壇があり、さらに東には一対の象の石像が残されています。

U寺院の北側にはV寺院があります。その西に長いテラスがあり、その先には十字型テラスがあります。V寺院の基壇部分の刳型は保存状態がよく明瞭に残っています。

V寺院の北部には壁の部分を残して大半が崩れたY寺院があります。北部にはハスが美しく咲いている池があります。このY寺院とV寺院の間には多くのレリーフが残されており一見の価値があります。

王宮周辺には、名前も伝わっていない寺院遺構がいくつもあります。これらを訪ねてみるのもまた一興かもしれません。

❖プラサット・スゥル・プラット Prasat Suor Prat

王宮広場の象のテラスの東側にある塔状の建物群です。一二世紀末期にジャヤヴァルマン七世によって構築されたもので、王に捧げられた宝物の収蔵施設ではないかとも考えられています。

プラサット・スゥル・プラット

プラサット・スゥル・プラット遠景

勝利の門に続く道路を中心に六棟ずつ合計一二棟が建てられています。中央部の二棟を除いて王宮に向かって一直線上に並んでいます。塔と塔の間隔は三五メートルあります。

『真臘風土記』には、これらの塔が裁判に用いられたとする次のような記述があります。

「両家がうったえ事をし、曲直を明らかにすることができないとき、王宮の対岸に、小さい石塔が十二座あり、二人を各々一塔の中に座らせる。その外では両家のものがみずから親族をひきいてたがいにいましめ備えあう。坐することは、一、二日のことがあり、三、四日のことがあるが、その道理がない者は、必ず証拠となるきざしを獲て外に出る。すなわち身上にできものを生じることがあったり、せきをして発熱するようなことがあったりする。道理がある者はおおかたわずかの事もない。これによって曲直を分別し、天の裁きという」

著者の周達観は「思うに、その土地神の神秘的な能力でこのようなことがあるのである」と感想を記しています。

また、綱渡りの塔とも呼ばれ、王宮前の広場に集まった人々あるいは王のために塔の間に綱を張って綱渡りを行って見せたという伝承がありますが、定かではありません。

❖クリアン Kleang

王宮広場の東、勝利の門に通ずる道路を挟んで南北に対称形に建てられた細長い建物がクリアンです。プラサット・スゥル・プラットの後ろに隠れるように建てられています。クリアンとは「王室の倉庫」という意味ですが、用途は明らかではありません。建物は細長く、連子窓を持ち、天井はすでに失われています。

北クリアンは東西四〇メートル、南北四七メートル、壁の厚さ一・五メートルで、南クリアンより早く建てられたと考えられています。外壁はラテライト、砂岩の中央祠堂の左右には経蔵のような小型の建物が付属しています。内部に当時の碑文が残されていたようです。

南クリアンは南北四二メートルと、北クリアンより小さく仕上げも粗雑であり、未完成と考えられています。この建物はスールヤヴァルマン一世の時代に建てられました。

クリアン内部

南北クリアンは、もともとは一対の建物として建設されたものではなく、北クリアンが建てられた後、南クリアンが建てられたものと考えられます。これらの建物はクリアン様式と呼ばれていますが、変遷の歴史ではそれぞれ独自の様式を示しているとされており、実際に見比べると微妙な差があることがわかります。ちなみに、クリアン様式とされる建物にはタ・ケウ寺院やピミアナカスがあります。

クリアン

❖ヴィヘア・プランピル・ロヴェン Vihar Prampil Loveng

南北クリアンの間の道を勝利の門の方向に数百メートル行くと、東西に長い小型の寺院があります。この寺院はバイヨン寺院の中央祠堂の地下から発見された仏像を祀るために新たに造られたものです。一九三三年、トルーヴェがバイヨン中央祠堂の床下一四メートルから仏像の破片を発見しました。この仏像は高さ三・六メートル、ナーガに守られた仏陀像でジャヤヴァルマン七世が自らそこに安置したものでした。一三世紀ジャヤヴァルマン八世の統治下で廃仏運動がおこり、打ち壊されて穴に投げ込まれたものと考えられています。のちにこの仏像は完全に復元され、一九三五年シソワットモニヴォン国王によって、この寺院が建設されました。

ヴィヘア・プランピル・ロヴェン

入　口

❖トマノン Thommanon

勝利の門を出て東に進むと左手に見えてくるアンコール・ワット様式の小規模な寺院です。一二世紀初頭にスールヤヴァルマン二世によって建てられたヒンズー教寺院です。

一九六〇年代にフランス極東学院の考古学者でありアンコール遺跡保存事務所長であったフィリップス・グロリエによって修復工事が行われました。東西六〇メートル、南北四五メートルの寺域には環濠がめぐらされていたとみられます。東塔門、西塔門が残っています。東塔門、前殿、中央祠堂、西塔門が一直線に並んでいます。

中央祠堂はアンコール・ワットの祠堂に似ており、西、南、北側の扉は偽扉です。基壇の高さは二・五メートルあり、壁面などには女神デヴァーダのレリーフなどが見られます。前殿は祠堂より一・八メートル低く造られており、屋根には瓦を模した石造りの彫刻が見られます。なお前殿の内外壁面や破風には美しいレリーフが残されています。

東塔門には入口が三か所あり西塔門より大きい門です。南側には経蔵があり、西側の開口部意外は偽扉が附けられています。西塔門は東に比較すると精巧さに欠けているようですが、西側破風のガルーダに乗るヴィシュヌ神をはじめ、南、北側破風にもレリーフが見られます。

トマノン

❖スピアン・トマ　Spean Thma

王宮広場から勝利の門を出て、シェムリアップ川を渡ってタ・ケウ寺院に至る途中に石橋の残骸が残されています。よく注意していないと通り過ぎてしまうような小さな遺跡です。橋を支えた橋桁の痕跡は合計一四本あります。スピアン・トマとはクメール語で「石橋」を意味する言葉です。この橋の造成には寺院で用いられた造りだし積み工法が用いられています。

使用されている石材の表面にレリーフの見られるものがあるそうですが、確認はできませんでした。

❖タ・ケウ　Ta Kev

勝利の門を出て西に行くとタ・ケウ寺院が見えます。西側からも南側からも入れますが、どちらの階段も急傾斜です。

この寺院はジャヤヴァルマン五世の九七五年に建設工事が着手され、一〇〇〇年ころに主神が奉納され、その後王の死によって工事が中断されました。やがて一〇一〇年に王位に就いたスーリヤヴァルマン一世はこの寺院をバラモン僧のヨギンシュヴァラ・パンセイダに授与しました。しかしヨギンシュヴァラ・パンセイダは、寺院上層部分は身分不相応と考え、下層部分の

スピアン・トマ

タ・ケウ寺院

み使用したと伝えられています。

この寺院はピラミッド型寺院で、中央祠堂の地上からの高さは二一・三五メートルあります。周囲にめぐらされた環濠はラテライト、砂岩製で、東西二五五メートル、南北一九五メートル、内部には二つの人工池が設けられています。ラテライトと砂岩で構築された周壁は東西一六六メートル、南北一〇六メートルで、東西南北に塔門があります。内側の周壁は東西八〇メートル、南北七五メートルの細長い回廊で構成されています。回廊から中央祠堂までの高さは一四メートル、上層の基壇は一辺六〇メートルの正方形で、頂上部分は四七メートル四方で、五棟の祠堂が構築されています。このうち中央祠堂が最も大きく高い基壇上にあります。

❖プラサット・レアック・ネアン（施療院祠堂）

Prasat Leak Neang

アンコール・トムの勝利の門を出てまっすぐ行くとタ・ケウ寺院があります。タ・ケウ寺院の西約一五〇メートルの森の中にこの施療院の建物があります。ジャヤヴァルマン七世がアンコール・トム周辺に建てた四つの施療院の祠堂（アロガヤサーラ）の一つです。ジャヤ・ヴァルマン七世は支配地のクメール帝国各地に一〇二か所の施療院を建てたとされています。

この寺院の門は砂岩造りですが、かなり崩壊しています。祠堂の開口部は東側のみで、ほかの三方は偽扉です。外壁にはデヴァーター神

プラサット・レアック・ネアン

のレリーフが見られます。東側には東塔門の痕跡が残され、北側には沐浴用の池があります。

ちなみに、この当時の病院（施療院）はクメール帝国各地の主要道に約四〇キロごとに一か所設けられていました。医者が常駐していましたが、まじないや祈祷中心の施療か投薬を行っていたようです。

❖チャウ・サイ・テヴォダ Chau Say Tevoda

勝利の門を出て東に進むと右手に見えてくるアンコール・ワット様式の小規模な寺院です。一二世紀半ばにスールヤヴァルマン二世によって建てられました。

チャウ・サイ・テヴォダ

建物の構成はトマノンと異なり、四棟の塔門が東西南北に配置され、経蔵が南北に配置されています。中央祠堂と前殿が回廊でつながっているのはトマノンと同じですが、規模は小さいものです。東塔門が最も大きく、装飾も精巧なものが見られます。経蔵の破損は著しく、中央祠堂南側には顔面が破損した女神テヴァーダ像のレリーフが見られます。東塔門破風にはラーマーヤナの一場面が彫刻されています。シヤェムリアップ川へ至る寺院東側の十字テラスと参道はジャヤヴァルマン八世によって増築されたものです。

この寺院は中国政府によって修復工事が行われています。

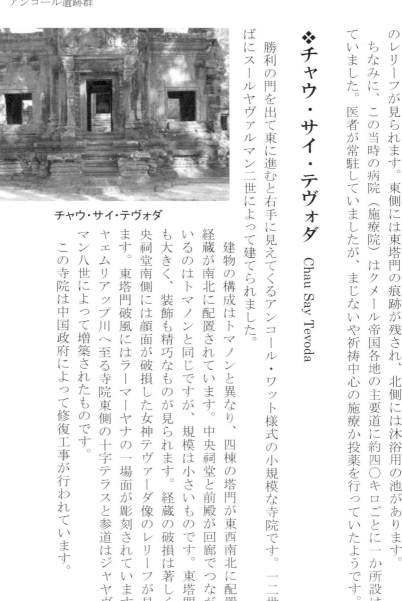

❖タ・ネイ Ta Nei

勝利の門を抜けて、左にトマノン、右にチャウ・サイ・テヴォダの建物を見て東に進むと、タ・ケウ寺院に突き当たります。ここから北に外れて未舗装の荒れた道を行くと、森の中にタ・ネイ寺院があります。かなり奥まっているからか、観光客はほとんど訪れることがありません。

この寺院はジャヤヴァルマン七世によって一二世紀後半に創建された仏教寺院です。かつて日本の調査団によって建物の一部が洗浄（クリーニング）されたことを記した立札が建てられています。

建物は大半が崩落していますが、周囲にはラテライトで構築された周壁が二重にめぐらされており、内部の周壁は残されています。内部に中央祠堂が建てられていますが、大きく崩落しており保存状態はよくありません。正面の崩落が著しいので裏側に回りそこから内部に入ってみることにしました。

建物の破風やリンテルの表面には、戦う武人像、騎馬する武人、天女などのレリーフが刻まれていますが、これらの破風やリンテルはかつての部位からは崩落して散乱しています。

中央祠堂

タ・ネイ

❖タ・プローム　Ta Prohm

一一八六年にジャヤヴァルマン七世が母の為に創建した寺院です。創建当初は仏教寺院でしたが後にヒンズー教寺院として改修されたため、仏教色の強い仏像彫刻などの多くが削り取られています。東西一〇〇〇メートル、南北七〇〇メートルの寺域をラテライトの塀で囲んでいる大規模な寺院です。建物は中心部に集中しています。

広大な境内には、五〇〇〇人余の僧侶と六一五人の踊り子が居住していたとされ、三一四〇軒もの家があったそうです。また長い年月にわたって増築と改築が繰り返されてきたため、建物は迷路のように複雑な構造になっています。

前後を二つの周壕によって囲まれた最も外周の門である第四東塔門を入ると大きな長方形の前殿があり、さらに行くと第三回廊に取り付く第三塔門があります。ここを過ぎると左右に小型の建物が、左手奥には東西に長い経蔵があります。続いて第二回廊、第一回廊があり、中心部に中央祠堂があります。三〇メートル四方の中央部は回廊に囲まれていますが、中央祠堂は意外と小型です。また中央部の南北には付属寺院があり、回廊で囲まれた祠堂が設置されています。

十字回廊を過ぎて西側の第四西塔門から三〇〇メートルほど歩き第五西塔門から道路に出ます。ここを左に行けばバンテアイ・クデイやスラ・スラン

建物上部のレリーフ

タ・プローム

スポアンの木の根が建物をつつむ

に行くことができます。

ところで、この境内にはスポアン（榕樹）という巨大な樹木があります。この巨木に建物が押しつぶされそうになっています。自然の驚異をまざまざと見せ付けるものですが、この風景はアンコール・ワット遺跡群のシンボル的なものの一つになっています。

❖バンテアイ・クデイ　Banteay Kdei

この寺院は一二世紀末にジャヤヴァルマン七世によって創建されたバイヨン様式の仏教寺院です。スラ・スランの西側に位置しています。踊り子のテラス、楼門、経蔵、中央祠堂などの建物が見られます。小さめの東塔門の頂部には仏像が刻まれていますが、顔の表情はバイヨン寺院とよく似た印象を受けます。

まずはスラ・スランに面した東塔門から入ることにしましょう。この塔門は左右に周壁がつながり、上部に四面の仏頭があるバイヨン様式の小さな門です。門を入ると北東方向に小さな祠堂があります。二〇〇一年、上

バンテアイ・クデイ

智大学の調査隊によって境内の発掘調査が行われ、参道の一角に合計二七四体もの仏像が埋められていることが発見されました。アンコール期とその前後の時代に廃仏行為によって一括して埋められたのではないかと考えられています。ここには発見当時の写真パネルと解説板が建てられています。これらの仏像は、調査の後シアヌーク美術館に収納され、展示公開されています。

バンテアイ・クデイ

さらに奥に進むとバンテアイ・クデイの建物群があります。ナーガのあるテラス、東楼門を通過し踊り子のテラスに出ます。両側にナーガの欄干があり、屋根は失われていますが柱は残されています。柱にアプサラのレリーフが見られることから、「ホール・オブ・ダンサイズ（踊り子のテラス）」と呼ばれたと考えられています。さらに進むと塔門があり、周壁に連なっています。この内側に第一周壁（回廊）があり、その中心に中央祠堂があります。中央祠堂の左右には経蔵の建物があり、この先にはヨニのみが残されたリンガの痕跡があります。

この先は回廊、西楼門、さらに西塔門に至ります。この寺院の建物は東西一直線に建物が並ぶ構成になっています。

❖スラ・スラン Sra Srang

アンコール東部域のバンテアイ・クデイの正面に長方形の大きな池が広がっています。これがスラ・スランです。池は東西七〇〇メートル、南北三五〇メートル、一二世紀末期にジャヤヴァルマン七世によって構築されました。スラ・スランとは「沐浴の池」という意味があります。

この沐浴場は九世紀にその起源が求められます。バンテアイ・クデイ創建前の僧院の施設とみられていますが、大半は水面下になっており十分には確認できません。池の護岸はジャヤヴァルマン七世時代にテラスや池の周囲に砂岩の石材による縁どり工事が行われました。また池中央には祠堂の痕跡が残されており、かつてはメボンにみるような祠堂があったと考えられています。現在、その祠堂は水面下に沈んでいます。手前のテラスには、ジャヤヴァルマン七世時代には木造の建物があったと推定されています。テラスの階段にはナーガの欄干とシンハ（獅子）が両脇にあります。

一九六三〜六四年にフランス極東学院によってこの一帯の発掘調査が行われ、青銅製の鏡やイヤリング、陶磁器が多数出土しました。さらに人骨も大量に出土したことから、かつては墓地もあったと考えられています。

❖プレ・ループ　Pre Rup

東メボンの南約一・五キロにあるヒンズー教の国家寺院です。ラージェンドラヴァルマン二世によって、都城がコー・ケーからアンコールに戻ってからの九六一年に築造されました。

塀は煉瓦造り、基壇はラテライト、建物は煉瓦で、これらを材料として構築された巨大寺院の最終的形態がこのプレ・ループであるとされています。

プレ・ループの石槽

スラ・スラン

建築様式はプレ・ループ様式と呼ばれ、コー・ケー様式からバンテアイ・スレイ様式への移行期に位置づけられています。中央部のピラミッド状の基壇を囲むように長方形の建物が配置されるのが特徴とされます。建築材料も煉瓦から砂岩が多用される段階で、以後の時期では砂岩による建築へと移行しています。

外側の周壁は東西一二七メートル、南北一一七メートルで、東、西、南、北の四方向に塔門が設置されています。正面左右に煉瓦造りの塔が三基ずつあります。さらに北、西、南側には長方形の建物が見られます。内側周壁は東西八七メートル、南北七七メートルで、第一層より高い位置に造られた基壇上にあります。この面には左右（南北）二棟の経蔵と周囲を取り囲む長方形の建物が見られます。この面からさらに三層ピラミッド型に基壇が積み重ねられ、その最上面に中央祠堂と四棟の小型の祠堂が見られます。

内部に入ると、壮大な寺院の光景が目に入り圧倒されます。中央の階段前の広場の中央には死者を火葬したという長方形の石槽があります。

建物の入口正面には真新しそうな砂岩がはめ込まれていますが、実はこれらは当初からのもので、一見補修中とみられる真新しい面は彫刻が未完成で放置されていたものです。なるほど補修時にこれらをはめ込むのは技術的にも困難でしょう。別の場所で彫刻したものを建物完成後にはめ込むのは誤差が生じる可能性が高いので、このようにまずはめ込んでから彫刻を行ったのではないかと考えられています。

現在イタリアによって修復工事が行われています。東メボン寺院とほぼ似た構造の建物ですが、規模的にはこの寺院のほうが大きいようです。

❖東バライ　East Baray

九世紀後半、第一次ヤショヤダラブラ都城の建設者ヤショヤヴァルマン一世によって築かれた東西七キロ、南北一・八キロの大貯水池です。この人工池はヤショダラターカと呼ばれていました。

アンコール地域で最初に設置された貯水池で、乾燥地帯であったこの地域の農業生産性を高める役割を果たした水利施設です。貯水量は最大で六〇〇〇万立方メートルで、七万ヘクタールの土地に灌漑用水を供給していました。しかし現在は全く水は枯れており、往古の姿は想像できません。かつてのバライ南側の堤防は幅五〇メートル、高さ四～ら五メートルありましたが、現在東メボンからバンテアイ・スレイに向かう道路でこの堤防が切られています。ここで堤防の断面を観察することができます。

東バライ

さらに少し離れた道の辺りから左右を見れば水田越しに高い木々の茂った森が続いていますが、これが堤防の痕跡です。

❖東メボン　East Mebon

灌漑池という意味のバライの堤防を過ぎると、ほぼ中央部に東メボン寺院があります。この寺院はプレ・ループ寺院に先立つ九五二年にラージェンドラヴァルマン二世によって構築されたヒンズー教の寺院です。かつては池の中にありましたが、現在は水が枯れてしまいその面影はありません。

東メボン寺院の祠堂群

正面の石積の階段は段差が厳しく、板で作られた通路用の仮設階段を上って内部に入ります。このように階段を使わざるをえないのは、この寺院が巨大な人工貯水池の中心に造られたためです。正面のラテライトの石段が大きな石材が重なり合ってできているのはここが船着場であったことからです。

ラテライトの基壇上に煉瓦造りの祠堂が立ち並んでおり、全体として赤茶色の印象を与えます。基壇は東西一二六メートル、南北一二一メートルあり、四方の基壇の隅に大きな砂岩製の象の石像が置かれており、これが強烈な印象を与えています。基壇の上の外周壁は東西一〇八メートル、南北一〇四メートル、東西南北の四方向に塔門があります。

東メボン寺院の象の石像

外周壁の内側には細長い建物が並び、内側にラテライトの基壇があり周壁を巡らせています。この面には八基の煉瓦造りの塔と五棟の経蔵があります。中心にはさらに基壇があり、中央祠堂と四棟の煉瓦造りの塔堂が建てられています。この寺院をアンコール期の煉瓦造り建築の一つの到達点とみる考えもあるようです。

❖バンテアイ・サムレ　Banteay Samre

東バライの中央に位置する東メボン寺院から東へ四〇〇メートルほど行くとバンテアイ・サムレ寺院があります。一二世紀初頭にスールヤヴァルマン二世によって建設されたアンコール・ワット様式のヒンズー教寺院です。

周囲を環濠とラテライトで構築された高い周壁で囲まれています。寺の名前は「サムレ族の砦」という意味で、その名の通り堅固な砦のようです。

環濠を渡ると東門とそれに取り付く第一回廊（周壁）があり、その中に第二回廊がめぐらされています。東西南北の各門の間はテラスでつながっており、東塔門と中央祠堂のテラスの左右には経蔵とみられる建物が左右対称に建てられています。

バンテアイ・サムレ寺院

❖タ・ソム Ta Som

一二世紀末にジャヤヴァルマン七世によって創建されたバイヨン様式の仏教寺院です。アンコール遺跡群をめぐる観光ルートの大回りコースの北東角に位置しています。西から東へこのルートを通るとクロル・コー、ニャック・ポアンから約二キロの距離です。

道路側の周壁に東塔門があり上部には四面仏があります。参道を西に行くと環濠がめぐらされており、続いて東門に至ります。さらに内側には周壁がめぐり、その内側に回廊、さらに中央祠堂へとつながっています。中央祠堂の西側に左右対称に経蔵があります。また伽藍の外側には僧院が建てられていたようです。

外周壁に取り付く西塔門の上部にも四面仏が配置されています。

❖クロル・コー　Krol Ko

プリア・カンに隣接しているバイヨン様式の小さな寺院で、ジャヤヴァルマン七世によって一二世紀後半から一三世紀初頭に建築されたものです。

東西三五メートル、南北二五メートルのラテライト造りの二重の周壁がめぐらされています。東塔門、中央祠堂、経蔵は砂岩で構築されていたようですが、いずれも崩落が著しく保存状態は良くありません。

建物に使用されていたとみられる石材が地域内に散乱しており、中には馬の彫刻などレリーフが残されています。この寺院名のクロル・コーとは「馬の寺」という意味で、この彫刻からつけられたのではないかとガイド氏の説明でした。しかし散乱するレリーフがどの建物の物かは明らかではありません。周壁内には沐浴池を囲んだ堤防に用いられたと思われる石組が直線的に並んだ痕跡がありますが、これも落ち葉に埋もれています。

さすがにこれだけ荒れていると、チケットのチェックを行う係員はいませんでした。

クロル・コー寺院のレリーフ

❖ニャック・ポアン　Neak Pean

「からみあう蛇（ナーガ）」という意味の寺院で、一二世紀にジャヤヴァルマン七世によって正方形の人口池（バライ）の中央に浮かぶ島の中に建設されたバイヨン様式の寺院です。

池の中心部に二匹の大蛇に基壇を囲まれた祀堂が見られます。構造的には、一辺七〇メートルの正方形の大池を中央にして、四つの小さな方形の池を取り付ける形状をしています。治水に対する信仰を象徴する寺院と考えられています。中央の池は雨季には満々と水をたたえていますが、乾季には水が干上がり中央祠堂まで歩いて行けるようになります。

このバライは、病を治すという不思議な聖水をたたえたヒマラヤ山脈の聖湖アナヴァタプタを表現しています。聖水は獅子、象、馬、牛の彫刻を通って流れ出るようになっています。この聖獣はインドの四大河を象徴したもので、この地がもともとヒンズー教の聖地であったことから「ラージャスチリー（王国の繁栄）」と刻まれていました。『真臘風土記』には、「北の池は白の北の五里にある。〈池の〉中に金の方形の塔が一座、石の部屋が数十室あり、〈口中より水を吐く〉金獅子、金仏、銅象、銅馬のたぐいがみなある」と記しています。

ニャック・ポアン

ちなみに、東小祠堂内に人面、中央祠堂との間に神馬（バラーハ）、北小祠堂内に象の頭、西小祠堂内に牛の頭、南小祠堂内に獅子の頭部分の石像を見ることができます。

また、外周部分にラテライトの切石を積み上げて造られた石室のような祠堂があります。ここは医者が常駐し、訪れる患者に適切な療法を教示する場所であったとされています。

なおこのニャック・ポアンは、二〇一一年の洪水で一部崩落したため公開が中止されていましたが、二〇一五年にはその規制も解除されています。池の内部までは入れませんが、遺跡全体は十分見学できるようになっています。また今後、周りのバライには水を貯めていくとのことで、そこを渡る板敷き廊下の見学者用通路が造られています。

❖プリア・カン Preah Khan

この寺院は東西八二〇メートル、南北六四〇メートルという、アンコール地域では有数の規模を持つバイヨン様式の平面展開型の寺院です。

石碑文によれば、チャンパとの戦いに勝利した記念にジャヤヴァルマン七世が即位後一〇年を経た一一九一年、チャンパの侵略を撃退できずに世を去った亡き父ダラーニインドラの菩提を弔うために建立しました。中央祠堂には父になぞらえてロクシュヴァアラ（観世音菩薩）が祀られていました。ジャヤヴァルマン七世の時代には、ロクシュヴァアラは大乗仏教においてすべての衆生を救う慈悲の菩薩にたたえられ、人びとから熱い崇敬を受けていたとされています。

プリア・カン

広い参道には96基の石柱

この寺院は創建当初の名前をそのまま用いる数少ない例の一つとして知られています。創建の由来を刻んだ碑文は全文がサンスクリット語ですが、寺名はジャヤクリイとされています。寺名のジャヤクリイ・プリア・カンには「聖なる剣」という意味があります。この名称は寺名であるとともにジャヤヴァルマン七世が即位した際に付けられた名でもあったのです。

単なる一寺院ではなく、多種多様な職業及び階層の人々が集住する都市でもあったようで、碑文には一〇万人と記されているそうです。ここは高僧や導師のもと仏教教義を学び修行する場所でもあり、いわば大学のような研究教育機関の役割も果たしていたと考えられています。

西側参道から入ってみましょう。

幅九メートルの参道の両側には五〇センチ角、高さ二メートルの石柱九六基が一〇〇メートルにわたってほぼ等間隔で建てられています。寺社の参道の灯籠のようです。石柱の下半部には獅子の頭と脚を持つ像が彫刻されています。また上半部には仏陀の像が彫刻されていたものと考えられ、一例のみが残されています。

参道を進むと幅一五メートルの広い石畳があり、両脇には乳界を攪拌する神々と阿修羅が大蛇バーガの銅を抱える形を表現した欄干があります。欄干の下には幅五〇メートルにも及ぶ環濠があり、総延長三キロの外壁をめぐっています。

間もなく周壁の西塔門に着きます。三つの入口が設けられています。ここから約二五〇メートル進むと第三周壁の西門があります。ここから東塔門までの東西二〇〇メートル、南北一七五メートルほどが伽藍中枢部です。第三周壁（回廊）の内部には東西八五メートル、南北七六メートルの第二回廊があり、第一回廊との間には小さな祠堂が建てられています。

中央祠堂から軸線上の回廊で四つに区分され、そこに小さな祠堂が密集しています。中央祠堂にはスツゥーパが安置されており、途中の祠堂には一三世紀後半ごろとされるリンガとヨニの台座が祀られています。

中央祠堂を過ぎて東に向かうと、タ・プロームと同様に二四本の円柱で囲まれた前殿の長方形の建物があり、その前に経蔵の小さな建物が付属しています。さらに左手には円柱で支えられた二階建ての建物が見られます。内部に階段の痕跡が見られないことから外部に木製の梯子をかけたと考えられています。

❖プラサット・クラヴァン　Prasat Kravan

一〇世紀の前半（九二一年）にハルシャヴァルマン一世によって建てられたヒンズー教の寺院です。アンコール地域の寺院の多くが石の材料を用いて建築されていますが、ここの建物群はすべて煉瓦で作られています。この寺院の名称は周囲に繁茂するカルダモンの木に由来し、近世には「カルダモンの寺院」と呼ばれていたそうです。

小さい壕で周囲を囲まれ、壕には水が溜まっています。基壇の上に五基の煉瓦造りの祠堂が一直線に東向きに建てられています。建物は破損が著しく、現在上部構造が残されているのは中央祠堂と南側祠堂です。ピラミッド状の上層に行くにしたがって少しずつ小さくなっており、遠近法による錯覚で実際の規模より大きく見えるようです。この寺院の煉瓦には高度な技術が駆使されており、モルタルの代わりに植物混合剤の接着材を使って隙間のない緻密な仕上げが行われています。

中央祠堂入口両脇の壁面には門番のドヴァーラパーラが彫刻されています。南側祠堂のリンテルと側柱はすべて砂岩で作られており、そのリンテルにはナーガを両手に掴むガルーダと、それに乗るヴィシュヌ神が彫られています。中央祠堂内部の三面の壁面にはすべてにヴィシュヌ神が見られます。左壁面は化身したヴィシュヌ神が三界を三歩で闊歩する場面が表現されており、その片足は台座、あと一つは蓮台に立っています。四本の手には法螺《ほら》、円板、蓮花、こん棒を所持しています。

プラサット・クラヴァン

門番のドヴァーラバーラ像

ラクシュミーの立像

正面の壁面には、八臂のヴィシュヌ神が七段に並び合掌する神々の中央に立つ姿が彫られています。最も北側の塔の内部壁面にはヴィシュヌ神の妻であるラクシュミーの立像の彫刻がみられ、その足元には合掌する侍女たちが表現されています。

これらの祠堂の彫刻は中央と北にだけ見られることから、工事が途中で中断されたと考えられています。この遺跡はフランス極東学院によって一九六四年から修復工事が行われました。

❖西バライ　West Baray

スールヤヴァルマン一世、ウダヤーディティヤヴァルマン二世によって一一世紀に造られたアンコール地域で最大のバライ（人工の貯水池）です。東西八キロ、南北二・一キロの広さです。

現在アンコール地域に残されている大規模なバライのうち唯一水を貯えている池で、灌漑用水として利用されています。ただし西側の二分の一程度ですが。

❖西メボン　West Mebon

一一世紀半ば、ウダヤーディティヤヴァルマン二世は大貯水池の西バライの中央に人工の小島を造り、西メボン寺院を建てました。一〇〇メートル四方の面積で、現在ではほとんど崩壊してしまっていますが、東、南塔門と回廊が一部残されています。船でこの島に渡ることができます。

船着場はコンクリートの堤防の下方のテラスにあります。そこに幅一メートル、長さ八メートル程度の木造船が係留されています。ここからエンジン付きの小舟で約一五分かけて小島に接岸します。

小島では現在も調査と修復工事が続いています。小島の周りには幅約三メートルの土手の堤防が造られ、その内側で調査が行われています。遺構のある部分が水面より低いため、堤防内から絶えずポンプで水を汲み上げながら調査は進められています。調査中の遺構は周壁部分のようでした。水による浸食がかなりひどいようで、かろうじて残されている門も大きく

西メボン寺院

西バライ

傾いており、そこに立てかけられた筋違いも役には立っていないようです。

一九三六年、モーリス・グレーズは大海にまどろむヴィシュヌ神の見事なブロンズ像を泥の中から発見しました。現在プノンペン国立博物館に展示されている「横たわるヴィシュヌ神」です。

『真臘風土記』で周達観は、「池の中央に石塔・石室がある。塔の中に臥銅仏一体があり、〈仏の〉臍の中から常に水が流れ出ている」と記述しています。

修復工事の一日も早い完成を祈りながら小島を離れました。

シェムリアップ郊外

ベンメリアの祠堂

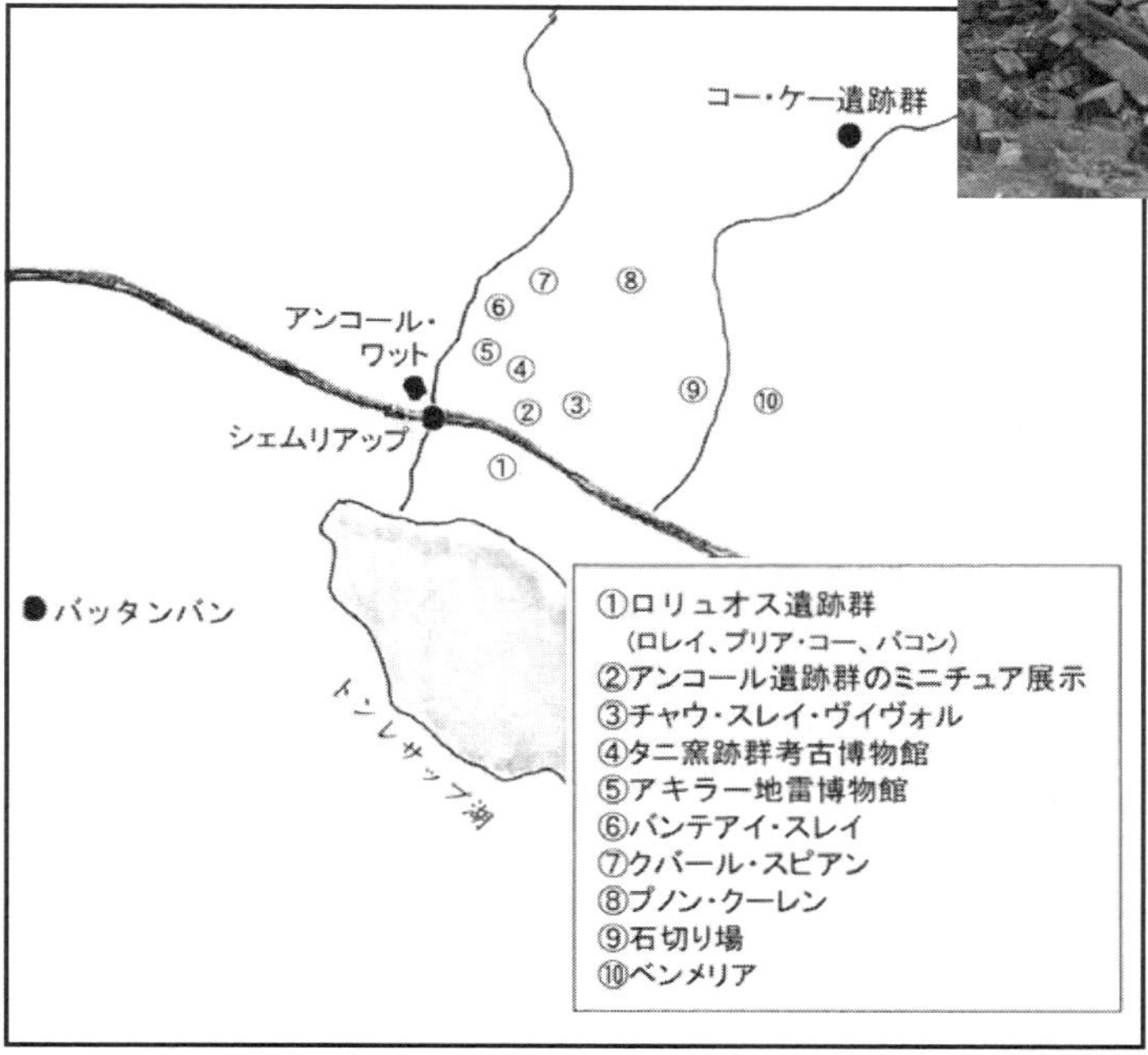

❖タニ窯跡群考古博物館　Tani Ceramic Kiln Site Museum

奈良国立文化財研究所と上智大学によって発掘調査が行われたタニ窯跡群の中に、日本政府の援助によって建てられた小規模な遺跡博物館です。二〇〇九年に開館しました。

建物はオレンジ色に塗られた外観を持つ平屋建てで、展示室は一室のみです。タニ窯跡群で出土したクメール陶器が並べられています。陶器のほかに、近接地域のクナポー窯跡群で出土した窯の天井の支柱やタニ窯跡で出土した焼台などの窯道具類も見ることができます。焼き台とは窯の傾斜床面で製品を安定させる役目を果たしたものです。

クナポー窯跡出土の窯天井の支柱

またタニ窯跡群の詳細な地形のジオラマ模型や、窯の復元模型など窯業生産の実際を知ることができます。この時期の窯は天井を中軸線上の支柱で支えていたようで、ここには近隣のクナポー窯跡群から出土した支柱の展示も行われています。このほか、タニ窯出土の窯道具や製品などの出土品を中心とした展示品も多く、生産遺跡への理解を深められるように配慮されています。

この一帯は、遺跡公園として整備し、クラフトセンターで陶器作りの体験学習ができるようにする計画もあるようで、将来が楽しみな地域です。

タニ窯跡群考古博物館

★★クメール陶器の窯を掘る★★

アンコール地域の郊外には、この地域で大量に消費される陶器の需要を賄うための陶器生産地が点在しています。そのうちのいくつかをかつて担当調査しました。そのうちの一つはクナポー窯跡群です。この窯跡群はシェムリアップの東北約二五キロにあるクナポー集落のバライの堤防上に築かれた穴窯で、A・B・C・D群と大きく四つのグループに分布しており、合計二七基の窯跡が確認されました。本体を調査したのはB群の1号窯跡で、天井を支柱で支える地上式の構造を持つもので、時期は十一世紀後半頃と推定されます。ここでは大きな甕や壺が焼かれていました。

シェムリアップ市街地の東一〇キロのバコンでも調査をしました。この地域は新都市開発の工事が進行中で、APSARA機構によっても一基調査されています。我々は二基の窯跡の調査を行い、周辺の確認調査も併せて行い三〇基近い窯跡が付近に分布していたことを確認しました。発掘作業は日本、カンボジアの考古学専攻学生によって進められ、多くの成果を得ました。なおバコン窯の年代は一〇世紀頃と推定され、小型の壺や鉢を生産した窯と大型の器種を生産した窯が確認されました。

カンボジアの考古学、とりわけ窯業についての研究は緒に就いたばかりで謎の部分が多いとされています。世界陶磁の歴史に燦然と輝くクメール陶器の研究も今後大いに発展が期待されるところです。

バコン窯跡

バコン窯跡出土陶器

《ロリュオス遺跡群》

❖ロレイ　Lolei

アンコール遺跡群の東南約一五キロのロリュオスにかつて、王都ハリハラーヤがありました。ここにはインドラタターカと呼ばれたバライ（人工池）がありました。このバライはインドラヴァルマン一世が開拓し、中央の小島に寺院を造る工事に着手しましましたが、完成前に王は亡くなり、跡を継いだ息子のヤショーヴァルマン一世が完成させました。

現在、バライに水は全くなく、ただ広大な水田が残されているだけですが、ロレイ寺院にはラテライトを積み上げた二段の基壇があります。現在は基壇に木製の階段が付けられていますが、かつてはそれがありませんでした。この基壇部分が船着き場として利用されていたからです。

階段を上ると、東西九〇メートル、南北八〇メートルの平坦地に出ます。当初は東西南北に塔門がある周壁に囲まれていたと考えられていますが、現在ではその痕跡はありません。四つの祠堂が前後に二棟ずつ並んでいます。建物配置からみて、当初は六基の祠堂建設の計画があったと考えられているようです。煉瓦造りの祠堂は、八九三年七月八日に両親と先祖をまつるために神々に捧げられたものです。

ロレイ寺院

中央祠堂壁面の神像彫刻

塔は四層のピラミッド型、一辺六メートルの方形で、リンテル、側柱、偽扉などは石造です。東北祠堂の東側リンテルにはアイラーヴァダ像に乗るインドラ神の彫刻があり、中央祠堂の壁面など神像彫刻が施されています。また祠堂壁面に碑文が刻まれており、貴重な資料として注目されています。

❖プリア・コー　Preah Ko

九世紀末、インドラヴァルマン一世によって祖先の菩提を弔うために旧アンコール王都のハリハラーヤに建設された最初の寺院です。東西五〇〇メートル、南北四〇〇メートルの環濠に囲まれています。寺院の規模に比較して環濠が大きいことから王宮ではないかとも考えられているようですが、現在のところ確認されていません。

この寺院は二重の周壁に囲まれ、前列に三基、後列に三基の祠堂が配置されています。最も外側の周壁は東西四〇〇メートル、南北五〇〇メートルで、それに続く内側の第二周壁は東西九四メートル、南北九七メートルあります。第二周壁と第一周壁との間に八棟の建物があり、東西基準線上に対称的な位置に配置されています。東南隅にある煉瓦造りの方形建物は西に開口部があり経蔵と考えられています。最も内側の第一周壁は東西五六メートル、南北五八メートルで、東西に塔門が設けられています。高さ一一メートル余の砂岩で作られた基壇上に煉瓦の祠堂が前後に三基ずつ二列に並んでいます。

プリア・コー寺院

壁面のレリーフ

東塔門はほとんど崩落していますが、十字形のラテライト造りで連子窓があり瓦で葺かれていたと考えられています。正面の参道を通って第一周壁の東楼門に至ります。祠堂はピラミッド状の屋蓋を持ち、東側の開口部のほかはすべて偽扉です。祠堂前の基壇上には三対の獅子（シンハ）像が、また階段の正面には祠堂と向き合って跪く牛、ナンディが配置されています。この寺院の名称はこの聖牛ナンディに由来しているとされています。なお前列三基の祠堂の扉石には碑文が刻まれています。

❖バコン Bakong

シェムリアップからプノンペンに通じる国道六号線から南に入ると、バコンの東門前に至ります。この門を過ぎるとナーガが浮彫された石製の欄干が両脇に横たわる参道があります。ここからピラミッド型寺院の建物を望むことができます。

この寺院は東西九〇〇メートル、南北七〇〇メートルという広大な敷地を持ち、二重の環濠と三重の周壁で囲まれています。外濠と内濠の間には二二基の煉瓦造りの祠堂が配置されています。

バコン寺院

バコン寺院

ラテライトが一部残存する第三周壁は東西四〇〇メートル、南北三〇〇メートルあり、その大部分には広い壕があったと考えられています。

中央祠堂と煉瓦の建物を囲む第一周壁はラテライトで造られており、東西一六〇メートル、南北一二〇メートルの規模です。東西南北には塔門のラテライトの基礎部分のみが残されています。外側の第一基壇から内側の第五基壇までピラミッド形に積み重ねられています。第一基壇は東西六七メートル、南北六五メートル、第五基壇は東西二〇メートル、南北一八メートルです。四方に階段が設けられ第四基壇上には小さな祠堂が一二基並んで建っています。さらに第五基壇上には一二世紀に修復されたアンコールワット様式の砲弾型の中央祠堂が建てられています。

❖アンコール遺跡群のミニチュア展示

ロリュオス遺跡群の近くで、アンコールワットやこの地域の寺院を石材を加工してミニチュア模型にして展示しているのを見かけました。博物館とか展示場という施設ではなく、道路沿いに「アンコール遺跡群のミニチュア」とだけ書かれていました。アンコールワット、バコン、プリア・コーなどの建物配置がわかる模型が置かれています。

アンコール遺跡群のミニチュア

❖バンテアイ・スレイ　Banteay Srei

アンコール・ワットやアンコール・トムなどの寺院が集中している地域から北東約四〇キロのところにバンテアイ・スレイがあります。「女の砦（美しい人の砦）」という意味を持っています。この寺院は、九六七年ラージェンドラヴァルマン二世によってアンコール王朝の摂政であった皇子ヤジュニャヴァラハーの菩提寺として創建されたヒンズー教の寺院です。

東向きに建てられ、境内は三重の周壁に囲まれています。最も外側の第三周壁は東西一一〇メートル、南北九五メートルで、ラテライト造りで東西に塔門が設置されています。第二周壁と第三周壁の間には壕が掘られています。東塔門から第三周壁の塔門までラテライトが敷き詰められた参道があり、その両脇には聖域の境界を示す石柱が三二本建てられています。ちなみに、第二周壁は東西四二メートル、南北三八メートル、最も内側の第一周壁は二四メートル四方あります。なお第一周壁は煉瓦で構築されています。

第一周壁と第二周壁の間には六棟の建物が見られます。さらに第一周壁内側には左右に経蔵が各一棟ずつあり、その奥に高さ一メートルの基壇上に三棟の祠堂が南北に並列しています。中央祠堂の前方には前殿が短い回廊で結ばれています。

中央祠堂の背面の壁面には東洋のモナリザと形容される美しいデヴァター像が彫刻されています。このほか建物の破風や各壁面には美しいレリーフが目白押しです。見学者が多くゆったりと見学できないかもしれませんが、素晴らしいレリーフは他では見られないものばかりですので、ぜひ時間をとって鑑賞して

バンテアイ・スレイ

ください。

　ところで一九二四年、フランスの文化大臣で著名な作家アンドレ・マルローは、このデヴァター像の美しさに魅せられ、盗掘して持ち帰ろうとしましたが、税関で見つかり逮捕されてしまいました。一九三〇年にマルローはこの事件を題材に小説『王道』を出版しています。

　この寺院の周辺も急速に環境整備が進み、かつては雑然としていた土産物の出店は一箇所に集められています。

祠堂群

祠堂のレリーフ

壁面の「東洋のモナリザ」像

❖プノン・クーレン　Phunon Kulen

シェムリアップ市街地の北東約五〇キロに位置する川沿いの遺跡です。「ライチの木の山」という意味です。

この地域はアンコール帝国誕生の地ともいえる重要な土地です。ジャワから戻ったジャヤヴァルマン二世は、国内を平定しながら八〇二年にこの山で神と一体化する儀式を行いました。つまり神王として即位したのです。このことから「最高神、インドラ神の山（マヘンドラ・パールヴァティ）」とされてきました。これをもってジャワからの独立を宣言し、以来六〇〇年余のアンコール帝国繁栄の道をたどることになります。

料金所から曲がりくねった道を行くとチェックポイントがあります。ここから川に沿って道が続きます。やがて川底の石に無数突起のように見えるリンガが彫刻されている光景が目に入ってきます。クバール・スピアンのような神像の彫刻は見られませんが、川岸には、川の水が冠水した跡、一部崩落した祠堂の痕跡などがみられました。

川底の石にリンガが彫刻されている

この辺りは地元の人たちのピクニックの場所のようで、下流域の大滝のあたりには飲食店の簡易小屋や川にせり出した休憩小屋などがいくつもあります。

この近くにプリア・アントンという寺院があります。一六世紀にアンチャン一世が造らせたという大涅槃仏が大きな岩の上に安置されています。このほか巨石下の洞窟壁面に彫られた線刻仏もあります。平日でしたが、多くの参拝者でにぎわっていました。

❖クバール・スピアン　KballSpean

バンテアイ・スレイからさらに約一五キロ北上したところに「川の源流」という意味のクバール・スピアンがあります。岩肌が露出した長い坂が続く山道の頂上に近い小川の中にある石造彫刻物群です。駐車場から険しい山道を四〇分も歩くことになります。この山道は雨水が激しく土を洗い流したためか、山の石が露頭し、かなり歩きにくくなっていますが、途中の景色を楽しみながら歩くことにします。

山頂が近くなると、目の前に川の流れが現れます。ここまで来ると川の水は澄んで美しく、源流までやってきたと実感します。この川底の石に正方形の大小さまざまなリンガが刻まれています。それらは無数の突起のようにも見えます。正方形の枠の中に一個、中心に目玉のようなリンガが彫られているものもあれば、あまりに大きくて全容がわからないものも見られます。またヒンズー教の神々の像も川底の自然石に刻まれており、その神秘的な美しさに目を奪われます。

この聖地は一〇五九年ウダヤーディティヤヴァルマン二世によって開かれたとされており、この源流はインドの聖なる川ガンジスに譬えられます。

水中の彫刻群は、川の流れによって岩が崩落しているところもありますが、全体としてはよく残っています。長い山道を上ってきただけの価値がある風景でした。

川底の石にはさまざまな彫刻が

❖ベン・メリア　Beng Mealea

シェムリアップから田舎道を車で約二時間走ると、この巨大な寺院に到着します。アンコールワットの東四〇キロメートルの交通の要衝に位置しています。内乱時の混乱で破壊し尽くされたのですが、いまだに本格的な修復工事が行われていません。寺院内は崩落した石材が放置されたままになっています。

周囲には堀が設けられ、参道を行くと第三回廊、十字回廊、第二回廊、第一回廊と続き、中央の祠堂部分へ至ります。ＡＰＳＡＲＡ機構によって見学通路の整備が行われていますが、崩落の著しいところを避けてかなり遠回りに見学通路が造られています。見学者は第三回廊に付属する南門側から入ります。

寺院は東西一〇二五メートル、南北八七五メートル、幅四五メートルの壕に囲まれた中央部に構築され、東西南北に石畳みの参道があります。十字テラスを抜けて伽藍は、三重の回廊に囲まれ、中央祠堂は軸線の中央の交点に位置しています。東塔門を入り、第二回廊との間に左右に経蔵があります。第一回廊の内部は回廊が中央祠堂に通じており、その左右に小型の建物があります。伽藍配置図にはこうなっていますが、実際は、崩落した建物や建築材と自然の大木とのからみもあって個々の建物の判別は困難です。ただ、建築材の表面に遺された

崩落した建物の建築材

ナーガの石像

崩落したままの内部

レリーフを見て歩くだけでも面白いといえます。第三回廊の外側を回ってみましょう。東門前の参道の欄干の両端に、頭を持ち上げた美しいナーガ像を見ることができます。著しく損壊しているものが多いなかで、これは良好な残存状態といえます。

この寺院の建造は一二世紀中ごろ、スーリヤヴァルマン二世によるものとされ、その後、増築を繰り返したものと考えられています。

この場所は戦略上きわめて重要な場所です。旧王道に沿っており、東へ行くと大プリア・カン、北東に分岐するとコー・ケーに至ります。さらにトンレサップ湖へ通じる水路の先端に当たることから、川底から得られる砂岩の石材を水路で運びアンコール地域の寺院などに供給したと考えられています。これらのことからここが交通の要衝であり重要な石材供給地であることなどがわかります。

❖石切り場

ベン・メリアに近くに石切り場の跡があります。川底に点々と砂岩を切り出した痕跡が残されています。石自体がかなり重いことから、人力で運搬可能な程度の大きさのブロックに切り出されていま

石切り場の跡

す。切り出された石はベン・メリアの建築に用いられたほか、水路を利用して、アンコール地域の寺院などに供給したとも考えられています。

❖アキラー地雷博物館 Landmine Museum

近年までシェムリアップ市街地にあったのですが、二〇〇七年に郊外に移転し、立派な施設でリニューアル・オープンしました。

カンボジア内戦時代、各地に無数の地雷が設置されました。戦後もそれらの地雷は撤去されずに残され、現在も多くのカンボジア国民がその犠牲になっています。カンボジアの遺跡を訪れると、伝統的な楽器の演奏をする集団に出会いますが、彼らの多くは地雷によって負傷した人たちなのです。

積み上げられた地雷

　この博物館は、シェムリアップ地域を中心に地雷の除去活動をボランティアで続けているアキラー氏が私財を投じて建設したものです。ここでは、彼が除去した五〇〇〇個以上の小型地雷と、銃器、爆弾などを展示しています。

アキラー地雷博物館

　ところで、カンボジア内戦に使用された地雷は、大型の戦車などを破壊するためのもののほかに、人的被害を与えるための小型の地雷が

展示室

ありました。兵士の殺傷が目的なのですが、実際には負傷した兵士をタンカで運ぶためにさらに二名の兵士が必要となることを狙ったのだそうです。人海戦術のような戦争の場合、兵士の数が少ないほうが不利になることは明らかです。このため、相手の兵士の数を少しでも減らすために地雷を敷設したと、かつて兵士であった人物が説明してくれました。

いずれにしても残酷な話です。地雷によっては雨季に水で流されて移動してしまうものも多くあり、それに触れてしまう住民の被害も頻発していたそうです。

ここで見られる地雷はすべて安全処理を行ったものです。アキラー氏はこの博物館を通して、戦争の恐ろしさを訴え、地雷除去をめぐる問題点を提示しているのです。さらには、地雷で傷ついた子供たちの機能回復訓練も行っています。

❖チャウ・スレイ・ヴィヴォル Chau Srei Vivol

アンコール・ワットから約二〇キロ、東に延びる街道沿いの標高約三〇メートルの小さな丘の上に、スールヤヴァルマン一世によって一一世紀に建てられたヒンズー教の寺院があります。

チャウ・スレイ・ヴィヴォル

崩落寸前の塔門

丘陵裾から斜面を無理して上ると、破壊しつくされた感のある寺院遺構が見えます。周囲にめぐらされた環濠は長辺一五〇〇メートル、短辺一〇〇〇メートルの大きなもので、アンコール・ワットに匹敵する規模だったようです。伽藍は中央祠堂、回廊、南北の経蔵などで構成されています。内部には仏像のレリーフや仏像が安置されており、人々の信仰の対象となっているようです。

カンボジア北部

プリア・ヴィヘア

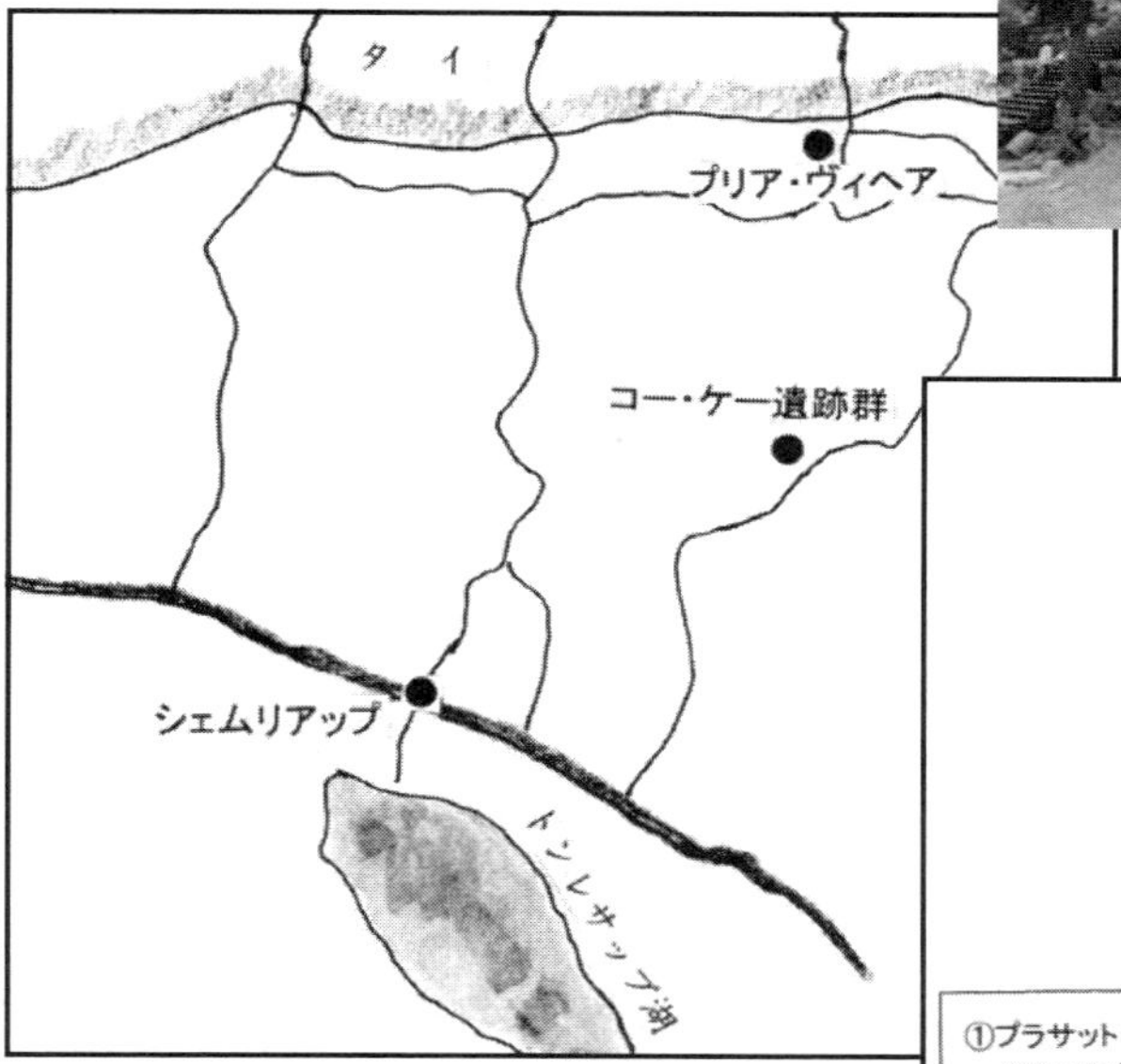
タイ
プリア・ヴィヘア
コー・ケー遺跡群
シェムリアップ
トンレサップ湖

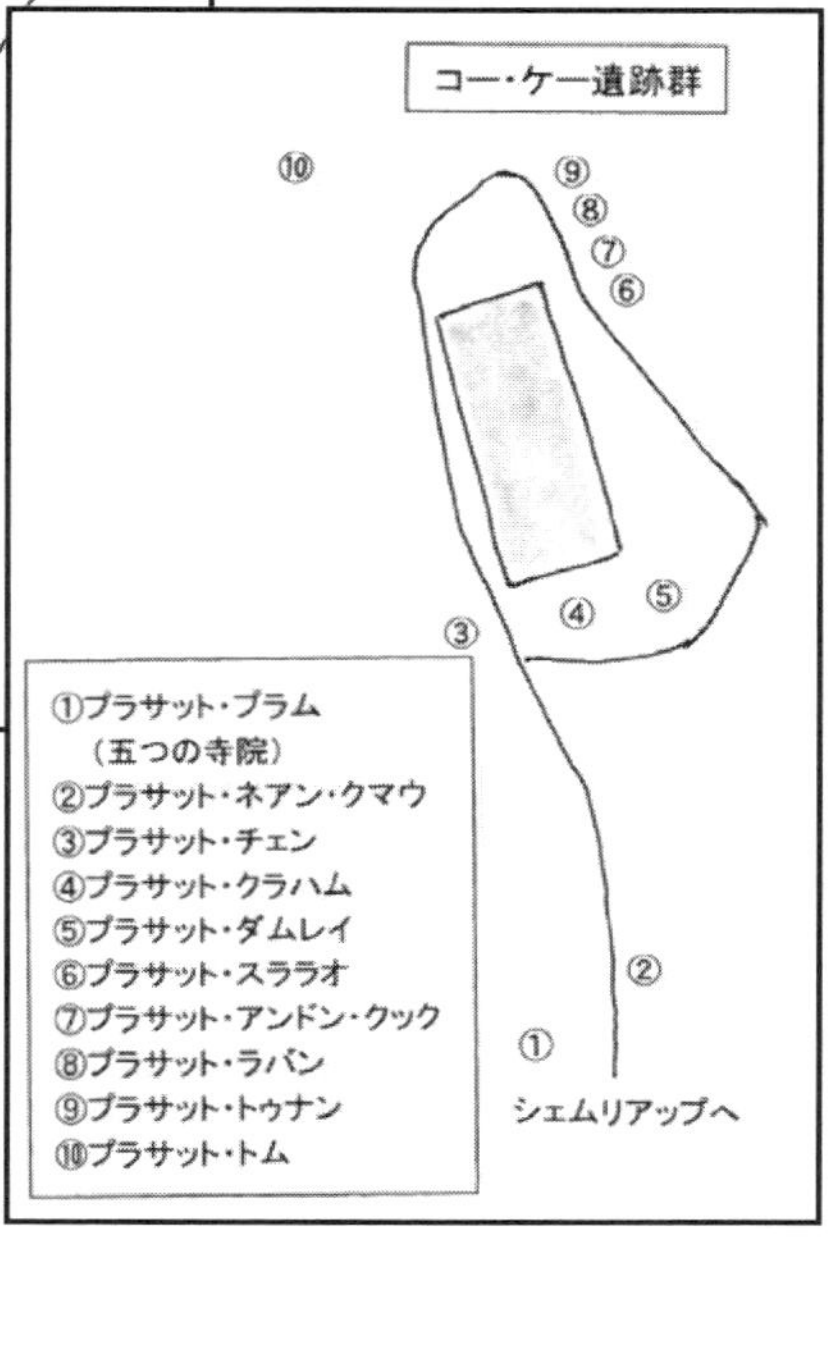
コー・ケー遺跡群
⑩
⑨
⑧
⑦
⑥
⑤
④
③
②
①
シェムリアップへ
①プラサット・プラム
（五つの寺院）
②プラサット・ネアン・クマウ
③プラサット・チェン
④プラサット・クラハム
⑤プラサット・ダムレイ
⑥プラサット・スララオ
⑦プラサット・アンドン・クック
⑧プラサット・ラバン
⑨プラサット・トゥナン
⑩プラサット・トム

《コー・ケー遺跡群》 Koh Ker

コー・ケーは、アンコール遺跡群の北東約一二〇キロにある遺跡群です。ベン・メリアへの道をひたすら走るのですが、未舗装のところでは車が上下に大きく揺れて大変です。ベン・メリアを目前にして車は左に曲がり、石材の採取場であった場所から再び悪路を進みます。シェムリアップから二時間半余でようやくコー・ケー遺跡群に至ります。

この地には九二八～九四四年頃までアンコール地方から王都が移されていましたが、王の死後再びアンコールに王都がもどされ、その後この地は放棄されました。に遺跡群はプラサット・トムと呼ばれるピラミッド型寺院を中心に三〇以上の祠堂や貯水池跡等の遺跡が比較的まとまった形で残っています。

❖プラサット・プラム（五つの寺院） Prasat Pram

コー・ケー遺跡群に入る道路の西側にやや入った部分にある寺院です。プラサット・プラムとは「五つの寺院」という意味です。東塔門のラテライトの基礎が残されています。門の左右にはラテライトで積み上げられた周壁がめぐっており、屋根には宝珠形の瓦が一定の間隔で配置されています。奥に進むと大きな砂岩で造られた長方形の経蔵が左右対称に配置されています。この建物には窓など

プラサット・プラム

祠堂内部

はなく、経典などの書籍の保管場所として利用されたことがわかります。左側の経蔵には樹木が巻き付いており、そのため崩落しているところも見られます。

さらに少し奥に進むと同じ基壇上に三基の祠堂が横一列に並んで建っています。いずれも煉瓦造りですが、崩落が著しくほとんど原形をとどめていません。堂の中央部にはリンガの痕跡はあるものの、全く姿は残っていません。境内にはリンガの一部の破片、小型のヨネ、仏像の胴部の破片などが散らばっています。

❖プラサット・チェン Prasat Chen

コー・ケー地域に造られた貯水地の南西端の近くにプラサット・チェンがあります。この寺院の名前はここから出土した猿の石像の顔と中国人の顔が似ていたことから付けられたそうです。

規模、構造ともにプラサット・プラムとよく似ています。東塔門とそれに取り付く周壁、左右対称の経蔵、長方形の基壇上に三基が並び建つ祠堂から構成されています。なお南側の祠堂のリンテル部分にはガルーダのレリーフが残されています。

崩落した状態の東門は二〇一四年に調査が実施され、いくつかの彫像の基礎部分が確認されました。調査後簡易のトタン屋根が架けられましたが、その後の強い風によって屋根の一部は壊れてしまいました。

プノンペン国立博物館にはこの寺院から見つかった石造彫刻が展示さ

ガルーダのレリーフ

れています。二匹の猿が格闘する様子を表現した「格闘するサル」です。一〇世紀の第二四半期に製作されたもので、砂岩製、高さ二・八メートルの巨像です。この像はラーマーヤナ物語にある、兄弟でライバル関係にある猿の王バイリンとスグリーヴァが覇権をめぐって格闘している場面を表現したものとされています。バイリンに王座を奪われたスグリーヴァは、ヴィシュヌの化身ラーマ王子の略奪された王妃シーダを探すのと引き換えに、王子の助けを借ります。格闘中バイリンの背中にラーマが放った矢が刺さります。

「格闘するサル」

さらに近年の調査によって西門からも石造の基盤部分が発見されており、少なくとも基盤部にみえる分と剥落痕と一致するものが多いようです。門を入ると三棟のラテライト造りの祠堂があります。この祠堂はヴィシュヌ神にささげられたもので、コー・ケー地域のほかの寺院がシヴァ神を中心とする神々ですからやや異例です。いずれの祠堂も崩落していますが、開口部を除いて偽扉が刻まれています。天井などを失った左手の祠堂には入口扉上部の砂岩のリンテルや両側の柱などが残されており、カーラーのレリーフが刻まれています。また右手にはラテライトで造られた経蔵がありますが、かなり崩落しています。

❖プラサット・ネアン・クマウ　Prasat Neang Khmau

コー・ケー遺跡群を通る道路の入口近くの東側に、塔状の中央祠堂が一基のみある寺院があります。名前は「黒い貴婦人」という意味です。

現在は痕跡しか確認できませんが、周壁が取り囲み西塔門が存在したものと考えられます。

プラサット・ネアン・クマウ

中央祠堂の壁面は、黒く焼け焦げたような色調になっていますが、火災にあったという記録は残されていませんので、長年の風化でこのような色調になったものと推定されています。しかし、周囲の森では現在でも山焼きが頻繁に行われていることから、その煙で焦げたようになったとも考えられなくはありません。外壁面にはレリーフが施されています。

中央祠堂には東、南、北に扉状の装飾を施しただけの偽扉が見られます。西側の扉だけが実際の扉があり開口しています。内部に仏像は安置されていませんが、部屋のほとんどを占めるような大型のリンガが中央に置かれており、この祠堂がシヴァ神を祀っていたヒンズー教の祠であることがわかります。

❖プラサット・トム　Prasat Thom

九二八年、ジャヤヴァルマン四世は、突然都をアンコール地域から北東八〇キロあまり離れたコー・ケーに遷してしまいます。王朝の内紛によるものとされています。ちなみにジャヤヴァルマン四世は先の王の母方の伯父に当たる人物です。彼はコー・ケー地域を統治してい

プラサット・トム

プラサット・トムの環濠

た地方領主であったことから、この地に遷都したと考えられています。

彼の死後、王位を継いだ息子も間もなく死去します。その跡を継いだラージェンドラヴァルマン王は再びアンコールの地を宮都とします。つまりコー・ケーが都だった期間はわずか一六年間でした。

この短期間に三〇もの寺院が建てられました。プラサット・トムは王都の中心に設置された国家寺院でした。現在は南西から北東方向に通じる道路によって東西に分断されていますが、かつての宮殿の西、約一五〇メートルに門の跡があります。これは南北の幅約七〇メートルのプラサット・トムの東塔門とされています。車を降りたところで見える連子窓の残存する建物は第四周壁の残存遺構のようです。

この門を入ると、左右（南北）に細長い建物、さらに西側には同じく南北一対のラテライト造りの大きな経蔵があります。次に第三周壁の煉瓦造りの塔門とプラサット・クラハムがあります。この塔門は煉瓦造りで部分的に白い漆喰が残されています。その中核部分は東西四〇〇メートル、南北一五〇メートルの二つの正方形の区画域から構成されています。このうち東側の区画は周壁の内側に環濠がめぐらされています。東側から環濠を渡る参道には左右に境界石の石柱があります。これらのうち北側の石柱はすべて大きく傾いています。

プノンペン国立博物館の玄関に展示されている、両手を広げて相手を威嚇するガルーダ像はこの寺院の参道の欄干の端に取り付けられていた石像であるとされています。このような大きな彫像が造られ欄干に取り付けられていたというのもコー・ケー様式の特徴の一つともなっています。

東に進むと第二周壁、第一周壁があります。この周壁の間には合計一二の細長い建物があります。また第一周壁内には九棟の小規模な煉瓦造りの祠堂が同じ基壇上に前列五棟、後列四棟と二列に配置されています。この祠堂は先祖のために造られたものです。

祠堂群の東には第一周壁、西塔門、第二周壁があります。ここでは東側で見たものと同じ形式の建物が左右対称に配置されています。西塔門を抜け、今も水をたたえた環濠を渡り西側区画と区分する周壁とラテライト造りの門があります。この西側域には正面に七段の基壇から構成されるピラミッド型寺院があります。

この寺院の基壇の基底部の一辺は約六〇メートル、高さは三六メートルあります。現在では失われていますが、かつてはこの最上部にさらに祠堂が建てられていたそうです。現在最上部分へは側面に沿って木の階段があり比較的容易に上ることができます。

寺院の西側に沿って大きな丘があります。この丘は白象の墓と伝えられ、東側裾には象の石像があります。供花や供物などが置かれ、人々の信仰に守られていることがわかります。象の親子の伝説（コラム参照）が残されているこの丘の発掘調査を行ったところ、この寺院創建段階の遺物が多く出土したそうです。つまり、この丘はピラミッド型寺院の基壇の造成のために設けられた工事用の土砂が集められた場所であることが明らかになったのです。この高い基壇を造成するには、それと同じ高さの土砂を積み上げて進めるのが最も妥当で安全な方法と考えられています。

内部の建物

★★白象の墓と伝説★★

プラサット・トム寺院の西側に沿って大きな丘があります。ここにこんな伝説があります。

この地域の住民が芋を掘りに森に入ります。みんな飲み水を持っていたのですが、雨が降りそうだったので持ってきた水を捨ててしまいます。村人からはぐれてしまった少女がのどが乾いたので地面にたまった液体を飲んでしまいます。実はその液体は象のものだったのです。しばらくして少女は女の子を生みます。大きくなった娘は父に会いに森に入ります。そこで白象に出合い親子として認知されます。しばらく象の邸宅寺内で過ごしていましたが、王宮の兵士にその存在が知られてしまいます。ついに娘は王宮に連れていかれ、消息を絶ってしまいます。娘の父親である白象は心配し、娘をとり戻すために旅に出ました。彼は手あたり次第、寺の屋根をとって中に娘がいないかを探しました。カンボジアの寺の屋根がないのは、この象が取り去ったからだといわれています。しかしその消息は分からずついにこの地で息絶えてしまいました。この親子の深い愛情話に感動した村人はここに白象の墓を造り手厚く弔ったということです。

白象の墓

❖プラサット・クラハム Prasat Kraham

プラサット・トムと道を隔てて位置しています。左右に崩落した石材が折り重なって見えます。「沈む寺院」という意味の名前が付けられています。この地域の地盤沈下によって建物が崩落したのではということからつけられた名前かもしれません。あるいは周囲に掘られた濠のせいかもしれませんが……。

この建物は沐浴後の休息場所ではないかと考えられますが、大きく崩落しており、復元は難しい状態です。

❖プラサット・トゥナン Prasat Thnoeng

コー・ケー遺跡群の環状道路沿いにある祠堂です。砂岩で造られた方形の建物で、天井は失われていますが、そのほかはほぼ完全な状態で残されています。西側に一つの開口部があり、崩落の進行を防ぐための木組みで支えられています。わずかな隙間から内部のリンガ、それを支えるようにヨニを望むことができます。

内部の聖域にヨニが中央に据えられており、黒く磨かれた印象的なリンガは高さおよそ二メートルあります。ヨニは直径一メートル余、重量数トンの大きなものです。ヨニと共に、基盤側面には文様のレリーフが彫刻されています。リンガは、良好な保存状態で、ヨニは祭壇そのものにみえます。ヨニのまわりには、一部の聖職者が儀式を行う小さいスペースがあります。彼らがリンガに置いた水

中央に祀られているリンガ

崩落の進行を防ぐための木組み

は、シヴァのシンボルに触れることによって神聖になって、ヨニの溝で集められ、北側（左手）の注ぎ口から聖地の外へと流れるようになっています。なお建物の四方には階段が付けられています。

❖プラサット・バラン　Prat Balang

プラサット・トゥナンに続いてリンガを中央に安置する方形の砂岩製の建物からなる寺院があります。この祠堂はプラサット・トゥナンよりやや崩落が著しいのですが、形状はプラサット・トゥナンと近似しています。リンガは良好な残存状態ですが、ヨニは崩落が著しいことがわかります。リンガは床面から約一メートルの石組の上に置かれたヨリの中央に据えられており、その側面には装飾レリーフがみられます。なお聖水は北側（左手）の注ぎ口から聖地の外へと流れるようになっています。建物の四方には階段が付設されています。

❖プラサット・アンドン・クック　Prasat Andong Kuk

プラサット・トゥナン、プラサット・バラン、さらにその中間にリンガのみの遺跡が位置し、その南にこの寺院が位置しています。これらの間隔はほぼ等距離です。

この寺院は西側のバライに向かって開けており、すでにみた二つのリンガを祀る祠堂の向きも西向きです。バライへ向かってラテライトによる石組や周壁、さらに周壁に取りつく西門の痕跡が確認できます。中央祠堂には巨大なリンガがありますが、一部損壊しています。

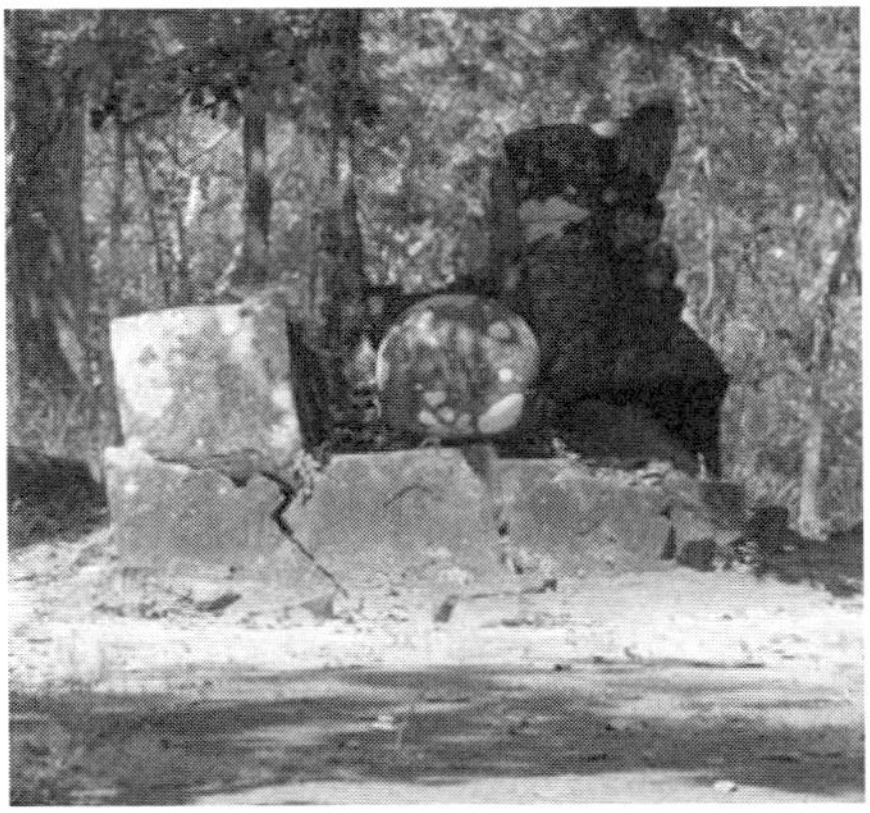

プラサット・アンドン・クック

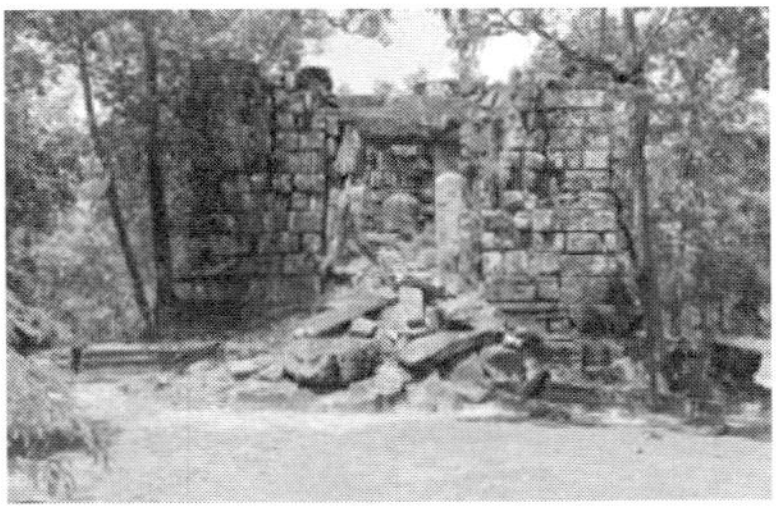

プラサット・バラン

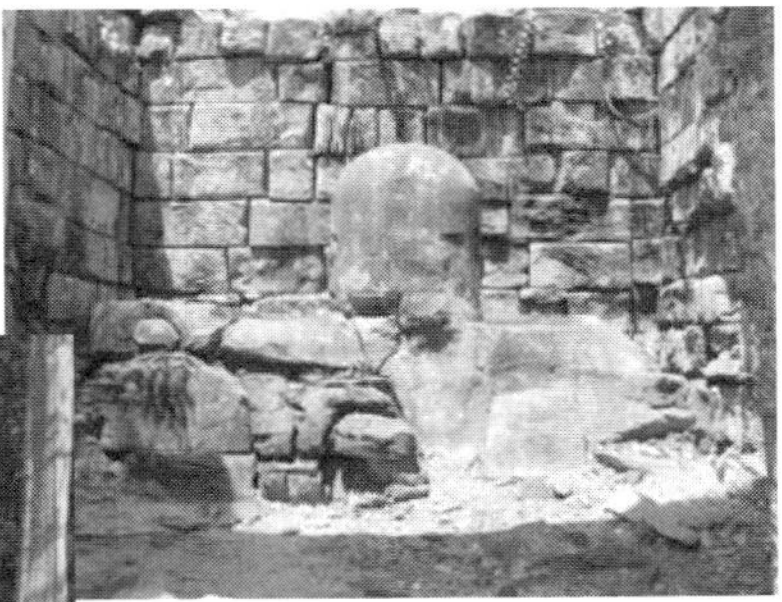

破損したリンガ

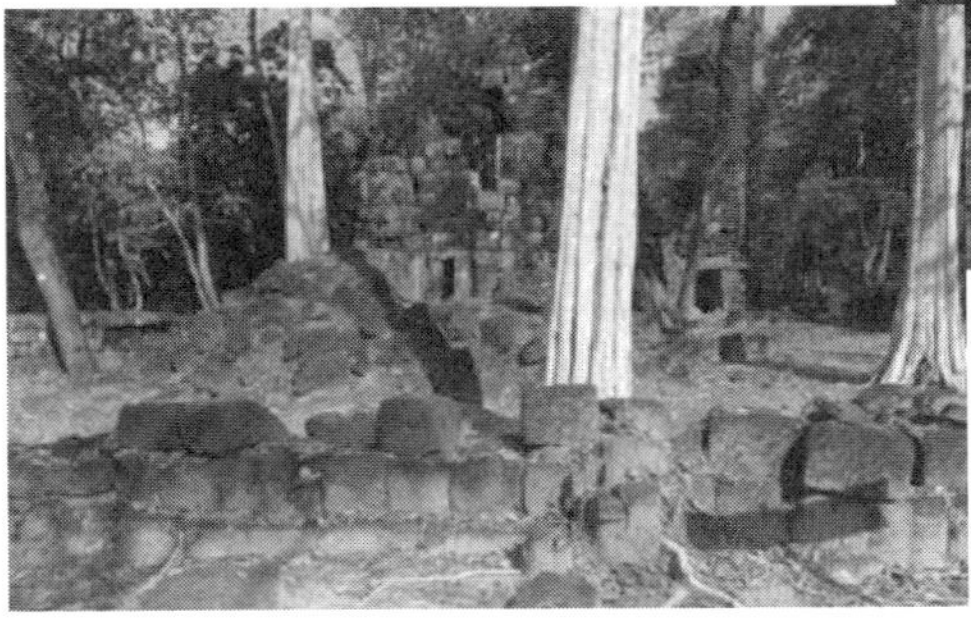

プラサット・スララオ

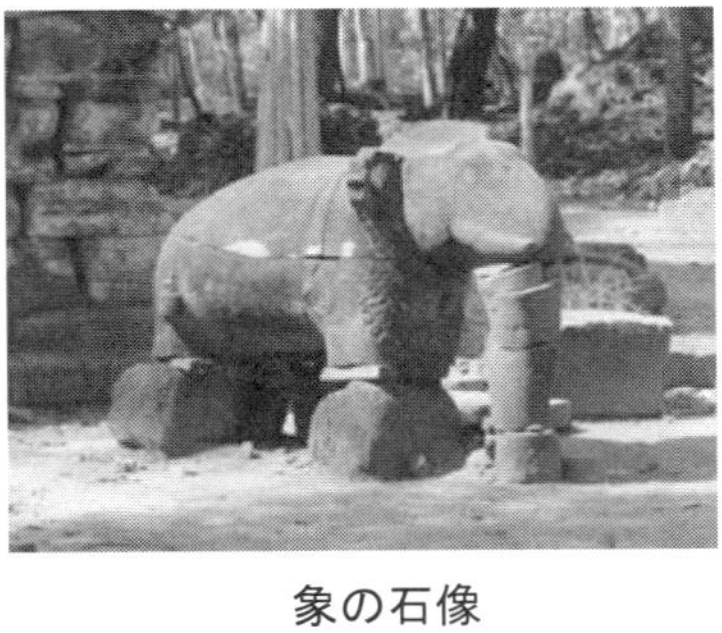

象の石像

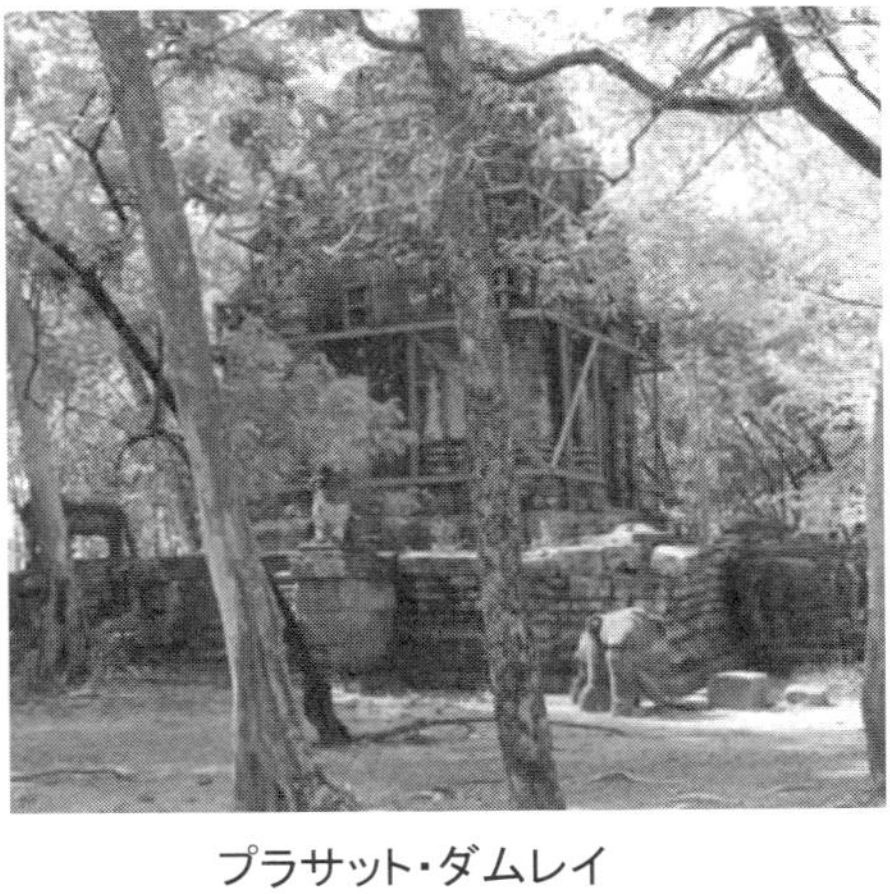

プラサット・ダムレイ

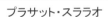

❖プラサット・スララオ Prasat Sralao

ラテライトのブロックを積み上げて作られた建物から構成される規模の小さな寺院です。東門と周壁、さらに南側に経蔵建物、中央に中央祠堂が残されています。一二世紀後半頃の建築と考えられています。

❖プラサット・ダムレイ Passat Damrei

貯水池の南、プラサット・チェンの東五五〇メートルにプラサット・ダムレイがあります。この聖域には周壁が設けられ、中央祠堂は高い石製の基壇の上に建てられています。方形の基壇の四隅に象の石像があり、この石像配置が寺名の由来ともなっています。ただし長年の風雨にさらされていたこともあって、象の長い鼻の大半が崩落しているものや、胴部のみとなっているものが多く、ほぼ完全な状態で残されているのはわずか二点のみです。このほかにシーハー石像なども見られます。

東門を入ると左右に経蔵の建物があり、さらに方形の基壇の上に祠堂が建てられています。基壇の各辺中央部には階段が設けられています。

この寺院で見つかったサンスクリット語の碑文銘は、貴重な歴史を知る手がかりとなっています。

コー・ケー地域にはこのほか、プラサット・スララオの南にあるプラサット・クラチャップ寺院のほかプラサット・ボエン・クナ、プラサット・ベングなどの寺院遺跡があります。

【世界遺産】プリア・ヴィヘア Preah Vhear

シェムリアップ市街地から車で四時間余り走り続けると、この寺院のあるダンレック山の麓に管理事務所があります。観光客はここで車をピックアップトラックに乗り換えて遺跡のある山頂を目指します。我々は幸いアプサラ機構のエア・ダリス博士が用意してくれた自家用トラックで頂上に向かうことになりました。

まもなく車は大きな池の横を左折します。この池は灌漑用に造られたバライ（用水池）で、現在もたくさんの水田を潤しています。バライの先を右に曲がると、中国が工事をしたという雑なコンクリート舗装の道路がありますが、途中までしか出来ておらず、急峻な旧道を行くことになります。この旧道は普通の車では通るのも難しいほど狭く、前が見えないカーブや急傾斜にも肝を冷やしますが、運転手は手慣れた道とばかりに巧みなハンドルさばきですいすいと登っていきます。ほぼ一五分程度でしょうか、ようやく遺跡のある頂上に到着しました。何とも言えないスリルのある行程でした。

頂上には駐車場となっているわずかな平坦地があり、クメール語と英語で、「I HAVE PRIDE TO BE BORN AS KUMER」と大書された看板が設置されています。

プリア・ヴィヘア遺跡はタイとカンボジアの国境にあることから両国が領有を主張し紛争になりました。国際司法裁判所の調停で最終的にはカンボジア領となりましたが、二〇〇八年にカンボジア側からの世界遺

第一塔門前の石敷きの参道

第二塔門前

水のない沐浴池

産登録申請が認められたことから事態が悪化し、両国軍が交戦し、合わせて一〇〇名以上の死者、負傷者が出てしまいました。現在もここには小山のように丸く土が積まれたトーチカが造られ、傍らには迷彩服を着た兵士がいます。今なお戦場のようです。

兵士たちを横目に見ながら、世界遺産のシンボルマークが高々と掲げられた遺跡に到着します。頂上までは長い石段があるのですが、われわれはショートカットして最初の門に至っています。兵士の駐在所がありますが、観光客には兵士たちはフレンドリーで、機関銃に触らせてくれたりしています。

階段を上ると、両脇にナーガの欄干がある参道があり、続いて第一塔門です。現在補修工事が行われていますが、ほぼ骨組みの石材のみが残された状態の門です。これに続いて石敷きの参道があります。この参道は第二塔門の階段まで続く長いものです。日差しを遮るものがなく、熱帯の太陽が肌にあたり痛く感じます。左手前方には大きな貯水池がありますが、水はありません。階段下の木陰では、観光客のほか警備の警官や兵士が休んでいます。

第二塔門は、第一塔門よりは少しは残りがいいように感じます。やや高台にある第二塔門から第三塔門への参道から左手のタイ側を見ると、家々や寺院が見下ろせる景色が広がっています。第三塔門から第四塔門、第五塔門と続き、中央祠堂まで石敷きの道が続きます。途中の建物は内部を通過することはできません。

中央祠堂は周囲を石材で造られた回廊が取り囲んでいます。本来は第五塔門から入るべきなのでしょうが、横の回廊壁面に設けられた崩落穴から入るようになっていました。中央祠堂の正面上部の破風にはシヴァ神のレリーフがはっきりと残されており、壁面にもところどころにレリーフが見られます。

訪問時にはちょうど中央祠堂内部の枯れ木の伐採が行われており、このプリア・ヴィヘア文化財整備保存機構の担当者が工事を指揮していました。案内役のダリス博士から担当者を紹介されましたが、簡単にあいさつを交わしただけで終わってしまいました。アンコール地域の整備運営を担当しているＡＰＳＡＲＡ機構とは別の機構がこの世界遺産を担当しているとのことでした。

中央祠堂の後背地域は岩山が露呈する地域で、そこから砂岩の建築材を切り出したようで、その痕跡が多数残されています。おそらくこの寺院の建築材料もここから調達されたものなのでしょう。ベンメリア周辺の川の石材産出地やその周辺とも似た雰囲気です。

ここは、境内の中でも最高所であり、ここからの眺めはまさに絶景です。しかし崖の端に近づくと、全く前方を遮るものがなく足がすくんでしまいます。まさに山上の空中寺院と呼ばれるにふさわしいと感じます。多くの観光客が来る人気スポットです。

第三塔門

カンボジア北西部

ワット・スノン

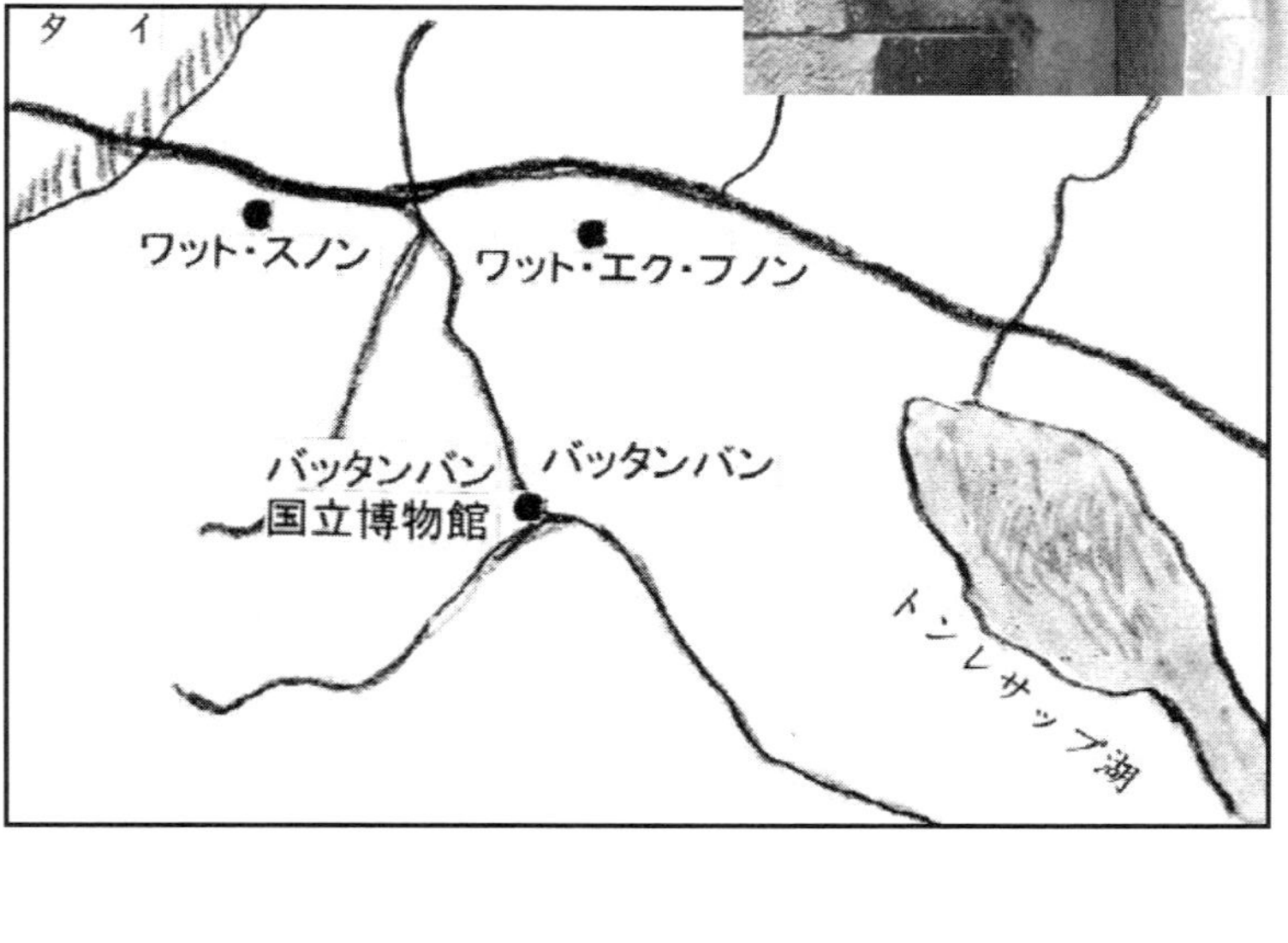

《バッタンバン》　Battambang

バッタンバンは、首都プノンペンに次ぐカンボジア第二の都市です。プノンペンから北西に約三〇〇キロ、同国北西部地域の中心的都市で、市街地をサンカー川が流れています。人口は約一〇〇万人。街はクメール王朝全盛期の一一世紀に成立しました。

隣国タイによる侵攻の後、タイの東部の重要な商業拠点となります。一九〇九年にカンボジアを保護国としたフランスの圧力にタイが屈する形で、領土はカンボジアに戻りました。第二次世界大戦中、タイはフランスとの紛争を通じて日本と協定を結び（東京条約）、この地の奪還をはかろうとしますが、日本の敗戦によって計画は頓挫します。その後、フランス植民地への一時的復帰の期間を経て、一九五三年に独立したカンボジア王国領となりました。

❖バッタンバン国立博物館　Battambang National Museum

市街地を流れる川の近くにある博物館です。博物館は塀をめぐらせており、中央部分に鉄製の格子を嵌めた扉があります。その横に「ＭＵＳＥＵＭ」と、緑色ペイントで大書された看板が掲げられています。本館の周囲には石造物などの作品がたくさん並べられています。建築物の装飾の一部の梁、リンテルと呼ばれるもので、バサット村からもたらされた七世紀前半の作品と表示されています。また右手には、新しい開放的な建物があります。ここで石仏などの大型作品の展示が行われるのでしょう。

展示室にはバッタンバン州各地から集められた石仏が多数展示され、足の踏み場もないほどです。正面

バッタンバン国立博物館

にはガルーダの石像が置かれています。石仏の多くはアンコール時代のものですが、プレ・アンコール期、ポスト・アンコール期、さらにバイヨン期の作品もあります。

正面に境界石と表示されている方柱があります。ここには仏像が四方に五段にわたって刻まれており、上四段は座像、最下段の仏像は最も大きい立像で表面には金箔が貼られています。この金箔は後世のもので、本来は無垢の石像であったと考えられています。この作品はタマプオック僧院のもので、砂岩製、一〇世紀の第二四半期の製作とされています。

この横にはガネーシア像が見られます。象の頭部を持ったヒンズー教の神像で、コー・ケー様式、一〇世紀の砂岩製の作品です。またヒンズー教の祠には必ず見られるリンガは、少し小さめですが、上下立派なセットとしてそろっています。寺院のための装飾品と表示された砂岩製の石仏像は、コー・ケー様式で一〇世紀の第一四半期とされています。

中央に置かれたガラスケース内にも多くの仏像や神像彫刻が集められています。とりわけヒンズー教の主神であるシヴァ神の頭部は一〇世紀末期から一一世紀初頭と表示されたものと、同じく一〇世紀末から一一世紀の早い時期とされるものが二つ並べられています。わずかな時期差なのでその違いは素人目にはわかりません。

仏塔碑

ガネーシア像

シヴァ神の頭部

リンテル

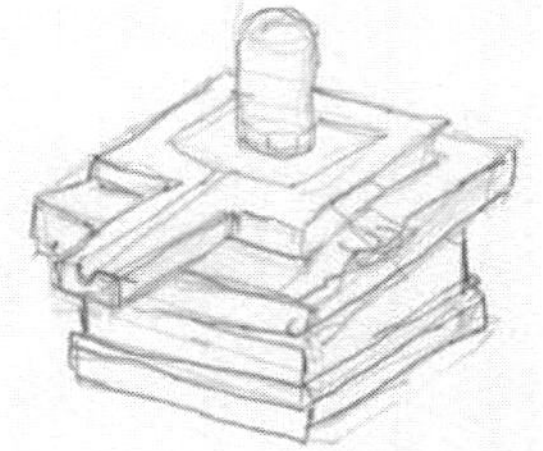

リンガ

石仏のほかにはクメール陶器や土器があります。仏器、日常容器として使用されたようです。ガラスケースに展示されていますが出土場所の表示はありません。

入口の右側には新しい時代の木造の仏像が集められています。いずれも一八世紀以降の作品です。また祭祀に用いられる青銅器製仏具、お供え物などを盛る仏器、碗や皿などの食器類が無造作に積み上げられています。長い木の柄の付いた槍や鉄製の刀などの武器もケースの内外に放置されたような状態で置かれています。

❖ワット・エク・プノン　Wat Aek Phnom

スールヤヴァルマン一世の一〇二七年頃に建設されたヒンズー教の寺院です。バッタンバンの町から北へ約一〇キロ、未舗装の脇道を二〇分ほど走る

ワット・エク・プノン

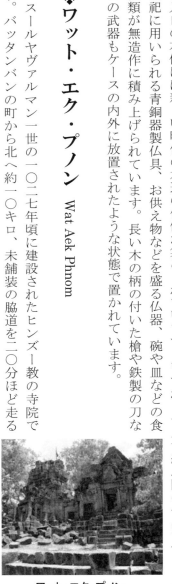

祠　堂

大　仏

と到着します。新しく建てられた寺院の裏手に遺跡があります。隣接して大きな仏像が建っていますが、その仏像を覆う建物は未完成のままになっています。建築途中で、遺跡の中央祠堂より高くなるのはまずいということで建設が中止されたとのことです。

　中央祠堂はかなり崩落していますが、かつての姿を想像することはできます。外周には周壁がめぐらされ、幅の広い壕も一部残されており、水面には蓮の花が咲いています。中央伽藍は崩落が著しく、かつての姿を推定するのは難しいのですが、崩落を免れた部分があり、そこからかつての威容を垣間見ることができそうです。中央祠堂の壁面や破風、リンテルの彫刻はきれいな状態で見ることができます。

❖ワット・スノン　Wat Sunom

　バッタンバンから約二三キロ、サファイアやルビーなどの宝石を扱う人たちが多く居住するバイリンという集落があります。ここを通る国道五七号線沿いに、ラテライトの祠堂と池がわずかに残された遺跡があります。ここはジャヤヴァル

ワット・スノン

沐浴池の跡

マン七世が支配下の国に総数一〇二か所建てたという病院（施療院）の遺跡の一つです。リンテルなどにはレリーフが残されていますが、建物はかなり傷んでいます。わずかに獅子の上で夢見るヴィシュヌ神のリンテル、乳海攪拌等が残されています。

またこの種の施設には沐浴池が設置されていますが、今では泥水のたまる荒れ池になっています。周壁や門は既に失われてしまったようです。

後世になって建てられた立派な伽藍が建てられており、とても対照的です。

あとがき

カンボジアに対する親しみは「はじめに」で、その背景（契機）となった事柄を挙げてみましたが、それだけでは説明がつかないような印象があります。何度か訪問してわかったようになっていたはずなのに、次に訪問するとまったく記憶にない景色に遭遇するということが再三再四ありました。その都度新発見できるというのはありがたいことかもしれませんが、物忘れが著しく早くなってきたということかもしれません。そのたびに同行の方々に多くの迷惑をかけているのかもしれません。

ともあれ、生来の野次馬精神から始まった「ぶらりあるき博物館」シリーズですが、そろそろゴールを設定しなくてはならないと感じるようになってきました。

本書の執筆にあたって、いつものことながら多くの方々のお世話になりました。各都市の旅行会社の方々はもとより、行を共にしていただいた池田榮史、前田弘隆、冨加見泰彦氏をはじめ、現地の発掘調査でお世話になった奈良国立文化財研究所杉山洋さん、佐藤由似さんをはじめとする現地スタッフの方々、とくにＡＰＳＡＲＡ機構エア・ダリス博士には、貴重な時間を割いていただきアンコール遺跡群についての案内や貴重な教示を得たことは忘れられない思い出となりました。

各氏には、行く先々でわがままを通して迷惑をおかけしたことをお詫びするとともに、厚く感謝の意を表したいと思います。

また文末に示した参考文献は、執筆の際、大いに参考とさせていただきました。厚く感謝します。

最後になりましたが、芙蓉書房出版の平澤公裕、奈良部桂子の両氏には毎々、適切な教示をいただき、男里真紀氏には校正でお世話になりました。ここに感謝の意を表したいと思います。

平成二七年一〇月

中村　浩

参考文献

Kristin Kelly, *THE EXTRAORDINARY MUSEUMS OF SOUTHEAST ASIA*, 2001, HAEEY N. INC., PUBLISHERS.

Mariyn Seow.Laura Jeanne Gobal, *MUSEUMS of Southeast Asia*, 2004, ARCHPEAGO PRESS.

今川幸雄・川瀬生郎・山田元久『アンコールの遺跡』霞が関出版、一九六九年。

ジョルジュ・セデス著、三宅一郎訳『アンコール遺跡』連合出版、一九九三年。

杉山洋・西村康『アンコール文化遺産保護共同研究報告書Ⅰ』文化庁伝統文化課・奈良国立文化財研究所、一九九七年。

石井米雄・桜井由躬夫『東南アジア史Ⅰ大陸部』山川出版社、一九九九年。

中尾芳治編『アンコール遺跡の考古学』連合出版、二〇〇〇年。

樋口秀夫『アンコールワット』ダイヤモンド社、二〇〇一年。

マイケル・フリーマン、クロード・ジャック、ブーイ・文子『遥かなるアンコール』リバーブックス、二〇〇三年。

ジャン・デルヴェール著、石澤良昭・中島節子訳『カンボジア』白水社、二〇〇三年。

石澤良昭『アンコール・王たちの物語』ＮＨＫブックス、日本放送出版文化協会、二〇〇五年。

『カンボジア国立博物館代表作品』フレンズ・オブ・クメール・カルチャー、二〇〇六年。

波田野直樹『アンコール遺跡を楽しむ』連合出版、二〇〇七年。

伊東照司『東南アジア美術史』雄山閣、二〇〇七年。

石澤良昭『東南アジア他文明世界の発見』講談社、二〇〇九年。

Michel Petrotchenko, *Focusing On The Angkor Temples The Guidebook*, 2011, EFEO.

石澤良昭監修『アジアの至宝　アンコール遺跡』日本電波ニュース、二〇一二年。

Andrew Booth, *The Angkor Guidebook*, 2015.

＊以上のほか多くのガイドブックおよび専門書、さらにウエブ関連記事を参照させていただいた。ここに記して感謝いたします。